어서 와,
초등 비문학은
처음이지?

하

어서 와, 초등 비문학은 처음이지?

하

권희린 글 | **편히** 그림

데이스타
Daystar

프롤로그

《어서 와, 초등 비문학은 처음이지?》라는 제목을 보고 '비문학'이라는 말이 낯설게 느껴지는 친구들이 있을지도 모릅니다. 지금까지 읽어 온 동화책이나 이야기책은 '문학'에 속하고, 이 책은 우리가 살아가는 세상의 다양한 모습과 지식을 담은 '비문학'을 다루기 때문입니다. 문학이 상상의 세계를 열어 준다면, 비문학은 현실의 문제와 지식을 통해 더 넓은 세상을 바라보게 합니다.

바로 이런 이유로 초등 시절부터 비문학을 경험하는 것이 필요합니다. 좋아하는 책을 마음껏 읽는 즐거움은 소중하지만, 한 가지 분야에만 머무르면 시야가 좁아질 수 있습니다. 경제, 과학, 역사, 환경처럼 다양한 분야를 두루 접할 때 세상을 보는 눈이 깊어지고, 서로 다른 지식을 연결해 새로운 생각을 떠올릴 힘이 길러집니다. 이 책은 그런 힘을 차근차근 키워 갈 수 있도록, 초등학생이 꼭 알아야 할 주제를 쉽고도 흥미롭게 풀어냈습니다.

책 속에는 10가지 주제가 담겨 있습니다. '키오스크'를 다룬 글에서는 기술의 편리함뿐 아니라 노인이나 장애인이 겪는 어려움도 함께 살펴보고, '좀비'를 다룬 글에서는 영화 속 괴물이 아닌 실제 역사 속 비극을 통해 우리가 잊지 말아야 할 의미를 생각해 봅니다. 이런 글을 읽고 나면 "기술은 모두에게 이로울까?", "과거의 사건은 오늘날 우리에게 어떤 교훈을 줄까?"와 같은 질문을 스스로 던지게 될 것입니다. 글을 단순히 읽는 데서 그치지 않고 생각을 확장하는 힘을 기르는 것이 바로 비문학 읽기의 가치입니다.

이 책을 활용하는 방법은 간단합니다. 하루 30분, 지문을 읽고 낯선 어휘를 정리하며 짧게 요약하고 나만의 생각을 덧붙여 보세요. 이런 작은 습관이 쌓이면 세상을 바라보는 눈이 달라지고, 비문학에 대한 두려움도 사라질 것입니다.

《어서 와, 초등 비문학은 처음이지?》는 단순히 국어 공부를 위한 책이 아닙니다. 세상을 이해하는 새로운 길을 열어 주는 책, 그리고 매일 조금씩 다른 세계를 만나는 즐거움을 알려 주는 책입니다. 책장을 펼칠 때마다 새로운 여행을 떠난다는 마음으로 이 책과 함께하길 바랍니다. 여러분의 첫 비문학 여정을 이 책이 쉽고 재미있게 안내해 줄 것입니다.

권희린

이 책의 특징

Q 어떤 학생들에게 필요한 책인가요?

A 그림책이나 동화책이 아닌 긴 글로 된 책을 마주하면 읽기 어려운 초등학생을 위한 책입니다.

Q 왜 이 시리즈를 읽어야만 하는 건가요?

A 이 책은 단순히 읽고 끝내는 비문학 책이 아닙니다. 10가지 다양한 주제를 초등학생 눈높이에 맞게 풀어내면서도, 글을 읽고 나서 내 삶과 연결해 생각해 볼 수 있는 질문, 과거의 사건이 오늘날에 끼친 영향을 비판적으로 살펴보는 질문을 함께 담고 있습니다.

Q 예를 들어 자세히 설명한다면요?

A ADHD를 가진 친구들이 교실에서 분리되는 것이 긍정적일지 부정적일지를 고민해 보는 질문은 학교생활 속 내 경험과 연결해 생각하게 하고, '테세우스의 배'와 같은 철학적 질문은 정체성과 변화에 대해 깊이 탐구하게 합니다. 또 콜럼

버스 항해의 양면성을 살펴보는 질문은 역사적 사건이 지금 사회에 어떤 영향을 남겼는지 비판적으로 바라보게 합니다.

Q 왜 권희린 선생님인가요?

A 17년 차 교사이자 초등학생 자녀를 둔 학부모로, 오랜 시간 학교 현장에서 학생들과 책을 매개로 소통해 온 선생님입니다. 전국 교육청에서 문해력과 독서 지도를 주제로 교사 직무연수 강사로 활동하며, 학생들의 꾸준한 독서 습관을 돕는 프로그램을 운영하고 있습니다.

Q 어떤 마음으로 이 책을 집필하셨나요?

A 비문학은 어렵고 지루하다는 편견을 깨고, 초등학생들이 다양한 주제의 비문학 지문을 쉽고 재미있게 만날 수 있도록 이 책을 집필했습니다.

Q 부모님에게 어떤 도움을 줄 수 있나요?

A 중학교 진학 전에 문해력과 어휘력을 키우는 기초 연습을 할 수 있도록 돕습니다. 신문이나 교과서 혹은 두꺼운 책을 읽기 싫어하는 아이들에게 진입 장벽을 낮춰 접근합니다.

이 책의 활용법

1

**헌 옷 수거함의
불편한 진실**

지문을 단순히 읽고 지나가는 데 그치지 않고, 먼저 일러스트로 아이들의 흥미를 유발시킵니다.

본문 내용을 읽은 후, 어휘 정리와 문단 요약을 통해 글의 내용을 정확히 이해하고 정리할 수 있습니다.

차근차근 이해하기

알쏭어록(알아두면 쓸모 있는 어휘 기록)

개발 도상국 : 산업의 근대화와 경제 개발이 선진국에 비하여 뒤떨어진 나라
소각 : 불에 태워 없애 버림
매립 : 우묵한 땅이나 하천, 바다 등을 돌이나 흙과 같은 것으로 채움

똑똑하게 분석하기

문단별로 요약한 내용을 확인하고, (　　)안에 들어갈 단어를 써 보세요.

1문단: 헌 옷 (　　　　)에서 발생하는 문제점
2문단: 매년 발생하는 의류 (　　　　)의 처리 문제
3문단: 인도의 헌 옷 (　　　　) 실태
4문단: (　　　　)를 위한 헌 옷 수거 방법

배운 내용을 자기 삶과 연결해 적용할 수 있도록 돕는 질문들이 마련된 [자유롭게 생각해 봅시다]를 통해 단순히 지식을 쌓는 데서 멈추지 않을 수 있습니다.

자유롭게 생각해 봅시다

☞ 헌 옷을 수출하면 저소득 국가의 사람들에게 도움이 될 수 있지만 많은 옷이 재활용되지 않고 환경 문제를 일으킬 수 있다고 해요. 개발 도상국으로 수출되는 헌 옷에 대해 어떻게 생각하나요? 이 수출이 그 나라에 도움이 될까요?

확장해서 읽어 봅시다

우리가 물건을 만들고 버릴 때 나오는 온실가스를 숫자로 나타낸 것을 '탄소 발자국'이라고 합니다. 탄소 발자국이 많을수록 지구에 해롭습니다. 옷을 만드는 '패션 산업'은 전 세계 온실가스의 약 10%를 만들어 냅니다. 비행기와 배에서 나오는 온실가스보다 많습니다. 왜 이렇게 많은 온실가스가 나올까요?

첫째, 옷을 만드는 데 쓰이는 합성 섬유는 석유로 만들어져서 이산화탄소가 많이 나옵니다. 둘째, 면으로 된 옷을 만들 때도 농약과 비료가 쓰여 온실가스가 나옵니다. 셋째, 옷을 버릴 때 불에 태우거나 몰래 버리면 유독 가스와 미세 먼지가 생깁니다. 티셔츠 한 장을 만들고 버리면 종이컵 300개

[확장해서 읽어 봅시다]를 통해 스스로 사고를 확장하도록 돕습니다.

이러한 과정을 반복하며 생각을 나만의 언어로 표현하며 사고력을 키울 수 있도록 하였습니다.

차례

1장

환경

2장

과학

3장

기술

4장

문화

5장

경제

자, 이제
비문학의 세계로
떠나 볼까요?

1장

환경

1 헌 옷 수거함의 불편한 진실

안 입는 옷을 헌 옷 수거함에 넣어본 적이 있을 것이다. 헌 옷 수거함은 도움이 필요한 사람들에게 옷을 나누기 위해 만들어졌다. 다른 나라로부터 헌 옷을 받아 입던 우리나라도 지금은 **개발 도상국**에 헌 옷을 많이 보내는 나라가 되었다. 그런데 이렇게 보내진 옷들이 모두 잘 쓰이는 것은 아니다. 너무 많은 옷이 수출되다 보니 절반 가까이는 버려지거나 태워지며 환경이 오염된다.

영국의 한 재단은 전 세계에서 매년 4,700만 톤의 의류 쓰레기가 생기고, 그중 87%가 그냥 버려진다고 밝혔다. 우리나라에서 모은 헌 옷도 동남아시아나 아프리카로 보내지지만, 일부는 불법적으로 **소각**되거나 **매립**된다고 한다.

특히 인도의 한 도시에는 매년 10만 톤의 헌 옷이 쌓여서 '헌 옷의 수도'라고 불리기도 한다. 옷이 너무 많이 쌓여서 강이 옷 쓰레기로 가득 차고, 동물들이 옷을 뜯어 먹기도 한다. 태워지는 옷에서는 검은 연기와 유해 물질이 나와서 환경을 더럽히고 있다.

헌 옷을 수거함에 넣는 것은 좋은 일이지만 그 옷이 정말 필요한 사람에게 전달되는지, 환경에 해가 되지 않는지도 생각해 봐야 한다. 또한 꼭 필요할 때만 새 옷을 사는 습관이 환경을 지키는 더 좋은 방법이다. 조금만 신경 쓰면 지구를 더 깨끗하게 지킬 수 있다.

차근차근 이해하기

☞ **알쓸어록**(알아 두면 쓸모 있는 어휘 기록)

개발 도상국: 산업의 근대화와 경제 개발이 선진국에 비하여 뒤떨어진 나라
소각: 불에 태워 없애 버림
매립: 우묵한 땅이나 하천, 바다 등을 돌이나 흙과 같은 것으로 채움

똑똑하게 분석하기

☞ 문단별로 요약한 내용을 확인하고, (　　)안에 들어갈 단어를 써 보세요.

1문단: 헌 옷 (　　　　　)에서 발생하는 문제점
2문단: 매년 발생하는 의류 (　　　　　)의 처리 문제
3문단: 인도의 헌 옷 (　　　　　) 실태
4문단: (　　　　　)를 위한 헌 옷 수거 방법

자유롭게 생각해 봅시다

☞ 헌 옷을 수출하면 저소득 국가의 사람들에게 도움이 될 수 있지만 많은 옷이 재활용되지 않고 환경 문제를 일으킬 수 있다고 해요. 개발 도상국으로 수출되는 헌 옷에 대해 어떻게 생각하나요? 이 수출이 그 나라에 도움이 될까요?

확장해서 읽어 봅시다

우리가 물건을 만들고 버릴 때 나오는 온실가스를 숫자로 나타낸 것을 '탄소 발자국'이라고 합니다. 탄소 발자국이 많을수록 지구에 해롭습니다. 옷을 만드는 '패션 산업'은 전 세계 온실가스의 약 10%를 만들어 냅니다. 비행기와 배에서 나오는 온실가스보다 많습니다. 왜 이렇게 많은 온실가스가 나올까요?

첫째, 옷을 만드는 데 쓰이는 합성 섬유는 석유로 만들어져서 이산화탄소가 많이 나옵니다. 둘째, 면으로 된 옷을 만들 때도 농약과 비료가 쓰여 온실가스가 나옵니다. 셋째, 옷을 버릴 때 불에 태우거나 몰래 버리면 유독 가스와 미세 먼지가 생깁니다. 티셔츠 한 장을 만들고 버리면 종이컵 300개를 쓰는 것과 비슷한 탄소가 나오고, 겨울 코트를 버리면 종이컵 900개를 쓰는 것과 비슷한 탄소가 나옵니다. 이런 탄소는 나무 한 그루가 1년 동안 흡수해야 할 양보다 많습니다. 탄소를 줄이려면 중고 옷을 입고 드라이클리닝을 줄이고 옷은 바람에 말리는 것이 좋습니다. 안 입는 옷은 재활용하거나 기부해야 합니다. 작은 실천이 곧 지구를 지키는 길입니다.

답

1문단: **수거함**　　2문단: **쓰레기**

3문단: **수입**　　4문단: **환경 보호**

2

'이것'이 없어서 바나나는 멸종할 위기

바나나는 전 세계에서 가장 인기 있는 과일 중 하나이다. 그런데 이 바나나가 병에 걸려 사라질 수도 있다는 사실을 알고 있는가? 예전에는 '그로 미셸'이라는 바나나가 많이 재배되었다. 맛과 향이 좋아 많은 사랑을 받았지만, 파나마병이라는 전염병 때문에 멸종되고 말았다. 이 병은 곰팡이 때문에 생기며, 바나나 나무를 시들게 하고 땅까지 오염시킨다. 그로 미셸이 사라진 뒤 사람들은 '캐번디시'라는 새로운 바나나를 키우기 시작했다. 이 품종은 파나마병에 저항성이 강해 선택되었고, 지금 전 세계에서 먹는 바나나의 95%를 차지한다. 하지만 맛은 예전보다 덜하고 단단하지 않다.

문제는 캐번디시도 새로운 병에 걸릴 위험이 있다는 점이다. TR4라는 새로운 곰팡이가 퍼지면서 바나나 나무가 다시 시들고 있다. 이 병은 바나나가 물과 영양분을 흡수하지 못하게 만들어 결국 말라 죽게 한다. 이미 여러 나라에서 피해가 발생하고 있으며 앞으로 더 많은 바나나밭이 사라질 수 있다.

이처럼 한 가지 품종만 계속 재배하면 병에 쉽게 약해질 수 있다. 생물 다양성은 여러 종류의 생물이 함께 살아가는 것을 뜻하며, 건강한 자연을 유지하는 데 꼭 필요하다. 바나나를 지키기 위해서는 다양한 바나나 품종을 개발하고 키우는 노력이 필요하다.

차근차근 이해하기

☞ **알쓸어록**(알아 두면 쓸모 있는 어휘 기록)

재배: 식물을 심어 가꿈
저항성: 생체가 병의 원인이 되는 환경으로부터 자신을 지키려고 하는 성질
품종: 외부적으로 특성이 같고, 유전 형질의 조성이 같은 개체의 집단

똑똑하게 분석하기

☞ 문단별로 요약한 내용을 확인하고, (   )안에 들어갈 단어를 써 보세요.

1문단: 바나나 전염병과 그로 미셸 품종의 (   )
2문단: 캐번디시 품종의 (   ) 이유와 위기
3문단: (   )의 중요성

자유롭게 생각해 봅시다

☞ "단일 품종의 바나나 재배는 경제적 효율성을 높이지만 생물 다양성을 해친다."라는 주장이 있어요. 여러분은 이 주장에 찬성하나요? 반대하나요? 그 이유는 무엇인가요?

확장해서 읽어 봅시다

19세기 중반, 아일랜드에서는 '대기근'이라는 큰 재난이 일어났습니다. 이 사건은 아일랜드 사람들이 주로 먹던 감자에 병이 퍼지면서 시작되었습니다.

감자는 서늘하고 메마른 땅에서도 잘 자라는 작물로, 아일랜드 사람들에게 중요한 음식이었습니다. 하지만 아일랜드에서는 '아이리쉬 럼퍼'라는 감자 한 품종만 많이 재배하고 있었습니다. 문제는 감자 잎 마름병이라는 전염병에서 시작되었습니다. 이 병은 습하고 따뜻한 날씨에 잘 퍼지며 잎과 줄기를 시들게 하고 뿌리까지 썩게 만듭니다. 병이 생기면서 감자밭 전체가 순식간에 피해를 입었습니다. 만약 여러 품종의 감자를 심었다면 피해가 줄었겠지만 한 가지 감자만 키운 탓에 감자가 거의 다 사라지게 되었습니다. 감자가 없어진 아일랜드에서는 100만 명 넘는 사람들이 굶어 죽었고, 약 200만 명은 미국 등의 다른 나라로 떠나야 했습니다. 이 일로 아일랜드 인구는 절반 가까이 줄어들었습니다.

이처럼 한 가지 품종만 키우면 병에 약해 큰 피해가 생깁니다. 그래서 농작물을 다양하게 재배해 생물 다양성을 지키는 것이 매우 중요합니다.

답

1문단: **멸종**

2문단: **재배**

3문단: **생물 다양성**

3

귤껍질로 핫팩을 만들 수 있다고?

겨울이 되면 많은 사람이 몸을 따뜻하게 하기 위해 핫팩을 사용한다. 핫팩은 작고 가벼우며 간편하게 열을 낼 수 있어 인기 있는 보온용품이다. 우리가 주로 쓰는 분말형 핫팩은 철가루, 숯, 소금, 물로 만들어진다. 철가루가 공기와 만나면 열이 나고 흔들면 더 따뜻해진다. 이때 촉매제도 함께 사용하면 따뜻함이 더 오래 유지된다.

하지만 이런 핫팩은 환경에 좋지 않다. 포장재인 부직포는 재활용이 되지 않고, 안에 들어 있는 철가루도 다시 사용할 수 없다. 모두 일반 쓰레기로 분류되는 것이다. 이렇게 버려진 핫팩은 태우거나 땅에 묻히면서 공기와 땅을 오염시킬 수 있다.

환경을 생각하면서 보온까지 고민한다면 귤껍질을 활용한 핫팩이 좋은 대안이 될 수 있다. 귤껍질을 잘게 잘라 주머니에 넣고 전자레인지에 앞면과 뒷면을 각각 40초씩 돌리면 따뜻한 핫팩이 완성된다. 껍질 속 수분이 열을 만들고, 껍질의 하얀 부분인 '귤락'이 열을 오래 유지시키는 단열재 역할을 한다.

귤껍질 핫팩은 여러 번 다시 사용할 수 있고, 쓰레기를 줄일 수 있어 환경에도 이롭다. 따뜻함과 함께 귤의 은은한 향도 함께 느낄 수 있다. 추운 겨울, 따뜻함도 챙기고 지구도 지키는 똑똑한 방법이 될 것이다.

차근차근 이해하기

☞ **알쓸어록**(알아 두면 쓸모 있는 어휘 기록)

촉매제: 자신은 변화하지 않고 다른 물질의 화학 반응을 일으키는 물질
대안: 어떤 일에 대처할 방안
단열재: 보온을 하거나 열을 차단할 목적으로 쓰는 재료

똑똑하게 분석하기

☞ 문단별로 요약한 내용을 확인하고, (   )안에 들어갈 단어를 써 보세요.

1문단: 겨울철 보온을 위한 (   )의 원리
2문단: 핫팩의 (   )로 인한 환경 오염
3문단: (   )도 지키고 따뜻함도 주는 귤껍질 핫팩을 만드는 방법
4문단: (   )의 장점

자유롭게 생각해 봅시다

☞ 분말형 핫팩이 환경이 미치는 영향을 고려할 때, 우리가 일상에서 사용하는 제품 가운데 환경에 영향을 끼치는 것들은 무엇이 있을까요?

확장해서 읽어 봅시다

요즘 사람들은 환경 문제에 관심을 많이 가지고 있습니다. 그래서 '제로 웨이스트'라는 생활 방식이 주목받고 있습니다. 제로 웨이스트는 쓰레기를 줄이고 자원을 아껴 쓰자는 뜻입니다.

첫 번째 방법은 재사용입니다. 한 번 쓰고 버리는 물건 대신 여러 번 사용할 수 있는 물건을 사용하는 것입니다. 예를 들어 물병이나 장바구니를 여러 번 쓰면 쓰레기를 줄일 수 있습니다.

두 번째는 재활용입니다. 쓸모없어진 물건을 그냥 버리는 대신, 다시 쓸 수 있게 만드는 것입니다. 플라스틱이나 종이를 모아 새로운 물건을 만드는 것이 좋은 예입니다.

세 번째는 필요한 것만 사는 소비 생활입니다. 물건을 살 때 정말 필요한지 생각하고, 포장이 많은 제품은 피하는 것이 좋습니다.

제로 웨이스트는 단순히 쓰레기를 줄이는 것이 아니라 환경을 생각하는 똑똑한 생활입니다. 작은 실천이 모이면 지구를 지키는 큰 힘이 됩니다.

답

1문단: 핫팩　　2문단: 처리

3문단: 환경　　4문단: 귤껍질 핫팩

4

식탁 위에 오른 기후 위기의 주범은 바로 '푸드 마일'

저녁 밥상에 고등어구이, 김치, 명란젓이 올라왔다. 그런데 이 음식 재료들이 모두 우리나라에서 온 것은 아니다. 고등어는 노르웨이, 명란은 러시아, 김치에 들어간 고춧가루는 중국에서 온 것이다. 이렇게 우리의 식탁에는 여러 나라의 재료가 올라온다. 뿐만 아니라 과자 포장지를 보면 옥수수는 호주, 밀은 미국, 기름은 말레이시아에서 온 것을 볼 수 있다.

이때 알아야 할 개념이 바로 '푸드 마일'이다. 푸드 마일은 음식이 생산지에서 식탁까지 이동한 거리를 뜻한다. 예를 들어 호주산 소고기는 약 6,000마일, 미국산 오렌지는 약 8,000마일을 이동해 우리에게 온다. 이렇게 멀리서 온 음식은 신선도 유지를 위해 보존제를 넣거나 많은 연료를 써 환경 오염을 유발시킬 수 있다.

왜 우리는 멀리서 온 음식을 먹을까? 보통 수입 식품이 국산보다 가격이 저렴하기 때문이다. 하지만 건강과 환경을 생각한다면 우리 지역에서 자란 신선한 음식인 '로컬 푸드'를 선택하는 것이 좋다. 가까운 곳에서 생산되어 운반 비용도 줄어들기 때문이다. 요즘에는 급식 재료로 로컬 푸드를 사용하려는 움직임도 일어나고 있다.

모든 사람은 건강한 음식을 먹을 권리가 있다. 지구와 우리 몸을 지키기 위해 이제는 우리가 먹는 음식을 한번 더 생각해 볼 때이다.

차근차근 이해하기

알쓸어록(알아 두면 쓸모 있는 어휘 기록)

신선도: 신선한 정도
보존제: 의약품이나 음식을 오래 보존하기 위하여 첨가하는 물질
운반: 물건 따위를 옮겨 나름

똑똑하게 분석하기

문단별로 요약한 내용을 확인하고, (   )안에 들어갈 단어를 써 보세요.

1문단: 식탁의 재료의 (   )
2문단: (   )의 개념과 신선도 관계
3문단: (   )의 개념과 장점
4문단: (   ) 식생활 권리를 위한 노력

자유롭게 생각해 봅시다

여러분이 좋아하는 음식 중에서 로컬 푸드로 바꿀 수 있는 음식은 무엇인가요? 그 음식을 로컬 푸드로 바꾸면 어떤 점이 좋을지 생각해 보세요.

확장해서 읽어 봅시다

요즘 환경을 생각하는 사람들이 늘어나면서 여러 나라에서 로컬 푸드 운동이 활발해지고 있습니다. 로컬 푸드는 우리가 사는 지역에서 자란 식품으로, 로컬 푸드를 소비하면 환경을 보호하고 더 건강한 식생활을 할 수 있습니다.

한국에는 '신토불이' 운동이 있습니다. 우리 땅에서 난 농산물을 먹자는 운동입니다. 맛있고 건강한 음식을 먹을 수 있고 지역 농민도 도울 수 있습니다. 일본에는 '지산지소' 운동이 있습니다. 지역에서 난 음식을 먼저 소비하자는 운동입니다. 학교 급식에도 지역 식자재를 많이 씁니다. 미국에는 '파머스 마켓'이 있습니다. 농부들이 직접 키운 과일과 채소를 시장에서 팔아 사람들이 신선한 농산물을 쉽게 살 수 있습니다. 캐나다에는 '100마일 다이어트'가 있습니다. 집에서 160km 안에서 자란 음식만 먹자는 운동입니다. 이는 운반 거리가 줄어들어 환경을 보호할 수 있습니다. 이탈리아에는 '슬로 푸드' 운동이 있습니다. 빠른 식사를 피하고 지역 음식을 천천히 즐기자는 뜻입니다.

이처럼 세계 여러 나라에서는 로컬 푸드를 통해 환경을 지키고 건강한 식생활을 실천하고 있습니다. 작은 실천이 지구와 우리를 지키는 큰 힘이 됩니다.

답

1문단: 세계화
2문단: 푸드 마일
3문단: 로컬 푸드
4문단: 건강한

5

동물권을 지키고 환경도 보호하는 채식

채식주의는 고기를 먹지 않고, 주로 채소, 과일, 곡물, 견과류 등을 먹는 식사법이다. 채식주의를 실천하는 사람들은 동물의 권리를 존중하고 건강을 챙기며 환경을 보호하기 위해 이런 식습관을 선택한다. 동물도 감정을 느끼고 고통을 경험할 수 있기에 그들의 권리를 존중해야 한다고 생각하기 때문이다.

채식주의는 동물권을 실천하는 하나의 방법이다. 고기를 먹지 않으면 고기를 얻기 위해 사육되고 도살되는 동물의 수를 줄일 수 있다. 많은 동물이 좁은 우리에 갇혀 살거나 고통스럽게 희생되는 경우가 많은데, 채식은 이런 동물들의 고통을 덜어줄 수 있는 방법 중 하나이다.

또한 채식은 환경 보호에도 큰 도움이 되는 식사 방식이다. 동물을 키우기 위해서는 많은 물, 땅, 사료 같은 자원이 필요하고, 사육 과정에서 많은 온실가스가 생겨 환경을 오염시킬 수 있다. 채식을 하면 이산화탄소와 같은 오염 물질을 줄이고 탄소 발자국을 줄이는 데 도움이 된다.

채식은 단순한 식사 방법의 선택이 아니라, 동물권을 존중하고 환경을 생각하는 생활 방식이다. 우리 주변의 동물들을 떠올리며 그들의 권리를 지키는 방법으로 채식을 바라볼 수 있어야 한다.

차근차근 이해하기

☞ 알쓸어록(알아 두면 쓸모 있는 어휘 기록)

사육: 어린 가축이나 짐승이 자라도록 먹이어 기름
도살: 사람이나 짐승을 함부로 참혹하게 마구 죽임
우리: 짐승을 가두어 기르는 곳

똑똑하게 분석하기

☞ 문단별로 요약한 내용을 확인하고, ( )안에 들어갈 단어를 써 보세요.

1문단: 채식주의와 ( )
2문단: 동물권을 실천하는 ( )
3문단: ( )을 보호하는 채식주의
4문단: ( )의 선택이 아닌 채식의 의미

자유롭게 생각해 봅시다

☞ 일상생활에서 흔히 볼 수 있는 동물권을 해치는 행동이나 상황에는 어떤 것들이 있을까요? 동물의 권리를 존중하기 보호하기 위해 개인적으로 실천할 수 있는 방법은 무엇이 있을까요?

확장해서 읽어 봅시다

겨울이 되면 많은 사람이 따뜻한 롱패딩을 입습니다. 롱패딩은 보통 오리나 거위의 가슴 털인 '다운'으로 만들어져 가볍고 따뜻합니다. 하지만 이 롱패딩을 만들기 위해 많은 동물이 희생된다는 사실을 아는 사람은 많지 않습니다. 롱패딩 한 벌을 만들기 위해 오리나 거위 15~25마리의 털이 필요합니다. 밍크나 여우 같은 동물의 털로 만든 옷은 이보다 더 많은 동물이 필요합니다.

이런 동물들은 좁고 더러운 우리에 갇혀 살며, 털을 뽑힐 때 큰 고통을 겪기도 합니다. 어떤 경우에는 마취도 하지 않고 산 채로 털을 뽑아내는 일도 있습니다.

동물도 감정을 느끼고 고통을 받기 때문에 우리는 동물권을 지켜야 합니다. 동물에게도 안전하고 편안하게 살 권리가 있습니다.

이 문제를 해결하려면 첫째, 동물을 보호하는 법을 더 강화해야 합니다. 둘째, 인공 솜이나 재활용 솜으로 만든 패딩을 선택하면 동물에게 해를 주지 않습니다. 셋째, 동물의 권리에 대해 배우고, 많은 사람이 동물을 소중히 여기도록 해야 합니다.

따뜻한 옷을 입기 위해 동물이 희생되지 않도록 우리 모두가 생각해 보아야 할 때입니다.

답

1문단: **동물권**
2문단: **채식주의**
3문단: **환경**
4문단: **식사 방법**

6

더는 못 참아, 플라스틱 폐기물 수입을 거부한 나라들

우리가 사용하는 음료수 병, 장난감, 포장지 등은 대부분 플라스틱으로 만들어진다. 그리고 이 플라스틱은 결국 쓰레기로 버려진다. 선진국에서는 많은 양의 플라스틱 쓰레기를 만들면서도 처리 비용 때문에 일부 쓰레기를 동남아시아의 나라로 보내고 있다.

하지만 말레이시아, 필리핀, 인도네시아 같은 나라들은 더 이상 다른 나라의 쓰레기를 받아들이지 않겠다고 선언하고 해외 쓰레기 반입을 막기 시작했다. 인도네시아는 재활용이 안 되는 쓰레기를 미국으로 되돌려 보냈고, 필리핀은 캐나다와 쓰레기 문제로 다툼이 일어나기도 했다. 세계 자연 기금은 개발 도상국이 선진국보다 플라스틱을 덜 쓰지만 더 많은 쓰레기 부담을 안고 있다고 밝혔다.

하지만 플라스틱 쓰레기 수입이 완전히 중단되면 또 다른 문제가 생길 수 있다. 재활용이 중요한 산업이어서 많은 사람이 관련된 일을 하며 생계를 이어가고 있는 나라도 있기 때문이다. 이 문제를 해결하기 위해서는, 첫째, 동남아시아 나라들이 재활용 기술과 시설을 더 발전시켜야 한다. 둘째, 세계 여러 나라가 함께 협력해 쓰레기를 제대로 처리할 수 있도록 해야 한다. 셋째, 사람들에게 재활용의 중요성을 알려 바른 쓰레기 처리를 실천하도록 해야 한다. 이런 노력을 통해 모두가 함께 깨끗한 지구를 지킬 수 있어야 한다.

차근차근 이해하기

알쓸어록(알아 두면 쓸모 있는 어휘 기록)

반입: 운반하여 들여옴
중단: 중도에서 끊어지거나 끊음
생계: 현재 살림을 살아가고 있는 형편

똑똑하게 분석하기

문단별로 요약한 내용을 확인하고, ( )안에 들어갈 단어를 써 보세요.

1문단: 선진국의 플라스틱 쓰레기 (   )
2문단: (   )의 쓰레기 반입의 폐해
3문단: 플라스틱 쓰레기 수입 (   )이 불러일으키는 문제와 해결 방안

자유롭게 생각해 봅시다

플라스틱이 야기하는 환경 문제를 해결하기 위해 많은 사람이 친환경적인 대체품을 사용해야 한다고 생각하고 있어요. 여러분이 자주 사용하는 플라스틱을 하나 골라 보고 그것 대신 어떤 친환경 제품을 사용하면 좋을지 말해 보세요.

확장해서 읽어 봅시다

태국은 2025년 1월 1일부터 플라스틱 쓰레기 수입을 완전히 금지하겠다고 발표했습니다. 태국 정부는 "태국이 선진국의 쓰레기장이 되어서는 안 된다."라고 말하며 환경을 지키기 위한 조치라고 설명했습니다.

예전에는 중국이 전 세계에서 가장 많은 플라스틱 쓰레기를 수입했지만, 2018년부터 환경 보호를 위해 쓰레기 수입을 멈췄습니다. 그 뒤로 많은 선진국의 쓰레기들이 태국과 다른 동남아시아 나라들로 보내지고 있습니다.

태국에서는 매년 약 200만 톤의 플라스틱 쓰레기가 생기고 있지만, 그 중 4분의 1만 재활용됩니다. 나머지는 태워지거나 땅에 묻히고 일부는 바다로 흘러가 바다 오염을 일으키고 있습니다. 2022년 한 해 동안 태국은 약 37만 톤의 플라스틱 쓰레기를 외국에서 수입했습니다.

태국은 앞으로 자국에서 나오는 플라스틱을 더 많이 재활용할 계획입니다. 쓰레기를 줄이고 환경을 보호하는 것은 모두에게 중요한 일입니다.

태국의 결정이 다른 나라에도 좋은 영향을 주어 세계 여러 나라가 함께 쓰레기 문제를 해결하기 위한 노력을 더 많이 하게 되기를 바랍니다.

답

1문단: 수출

2문단: 개발도상국

3문단: 중단

7

해수면 상승으로 하나둘 사라지는 나라들

바다 아래 숨겨진 전설의 도시 아틀란티스는 고대 그리스 철학자 플라톤이 처음 언급한 전설 속의 섬나라로, 오래전에 바닷속으로 사라졌다. 그런데 지금 일부 항구 도시들이 해수면 상승으로 인해 아틀란티스처럼 침몰할 위험에 처해 있다.

해수면 상승은 바닷물의 높이가 높아지는 현상으로 환경 오염과 관련이 깊다. 석탄, 석유 같은 화석 연료를 태우면 온실가스가 나오는데, 이 온실가스가 지구를 따뜻하게 만들고 북극과 남극의 얼음이 녹아 해수면이 올라가게 되는 것이다.

이로 인해 투발루라는 섬나라에서는 이미 9개 중 2개의 섬이 바다에 잠겼고, 몰디브는 국토 면적의 8%가 해발 1m 이하로 알려져 있는데 2100년까지 해수면이 59cm 상승하면서 바닷속으로 가라앉을 수 있다고 한다. 수상 도시인 베니스는 건물 1층이 물에 잠겨 2층을 출입문으로 사용하고 있다.

이 문제를 막기 위해 온실가스를 줄이고 바닷물의 높이에 대비해 방파제나 차단벽을 만들고 있다. 맹그로브 숲을 복원하여 해안선 보호와 어업 자원을 증가시키는 방법도 사용되고 있다. 우리도 기후 변화의 위험을 다른 사람과 나누고, 전기 절약, 대중교통 이용, 친환경 소비를 실천하는 등 지구를 도와야 한다.

차근차근 이해하기

☞ **알쓸어록**(알아 두면 쓸모 있는 어휘 기록)

침몰: 물속에 가라앉음
해수면: 바닷물의 표면
해발: 해수면으로부터 계산하여 잰 육지나 산의 높이
복원: 원래대로 회복함
어업: 이익을 목적으로 물고기, 조개, 김, 미역 따위를 잡거나 기르는 산업

똑똑하게 분석하기

☞ 문단별로 요약한 내용을 확인하고, ( )안에 들어갈 단어를 써 보세요.

1문단: 아틀란티스처럼 ( )할 위험에 놓여 있는 현재
2문단: 해수면 상승의 ( )
3문단: ( ) 위험에서 자유로울 수 없는 나라들
4문단: 해수면 상승을 막기 위한 ( )와 개인의 노력

자유롭게 생각해 봅시다

☞ 기후 변화 해결을 위해 개인의 작은 실천이 중요하다고 했어요. 여러분은 일상의 어떤 행동을 통해 기후 변화에 기여할 수 있을까요?

확장해서 읽어 봅시다

기후 변화로 바닷물의 높이가 점점 올라가고 있습니다. 이 문제를 해결하기 위한 새로운 방법으로 부유 도시가 주목받고 있습니다. 부유 도시는 바다 위에 떠 있는 도시를 말합니다. 부유 도시는 튼튼한 구조물 위에 집과 시설을 만들고 전기와 물이 들어오게 하여 사람들이 편리하게 살 수 있도록 합니다.

우리나라 부산에서는 세계 최초로 바다 위에 안전하게 살 수 있는 부유 도시를 만들고 있습니다. 다른 나라에서도 다양한 수상 도시 프로젝트가 진행되고 있습니다. '릴리패드 프로젝트'는 바다 위에 큰 인공섬을 띄워서 이산화탄소를 줄이고 바닷물의 양을 조절하려는 계획으로 바다 생태계를 보호하는 친환경적인 방법입니다. 또 다른 프로젝트인 '블루 에스테이트'는 튼튼한 콘크리트 구조물을 연결해 침몰하지 않는 바다 위 마을을 만드는 것입니다.

해수면 상승을 막기 위해서는 온실가스를 줄이는 것도 중요하지만, 이렇게 새로운 도시를 만드는 아이디어와 같이 기후 위기 속에서 지구를 지키기 위한 다양한 생각은 문제를 해결하는 데 큰 도움이 될 수 있습니다.

답

1문단: **침몰**

2문단: **원인**

3문단: **침수**

4문단: **국가**

8

환경과 인권을 위협하는 패스트 패션

패스트 패션은 유행하는 옷을 빠르게, 값싸게 많이 만들어 파는 것을 말한다. 저렴한 가격에 트렌디한 옷을 살 수 있지만, 그 이면에는 환경 오염과 노동 착취라는 심각한 문제가 숨어 있다.

패스트 패션은 많은 자원을 소모한다. 옷을 만들기 위해 면, 폴리에스터와 같은 다양한 원자재를 사용하는데, 원자재를 생산하는 과정에서는 많은 에너지가 소모되며, 이로 인해 지구의 자원이 고갈된다. 게다가 버려지는 옷이 많아 환경 문제 또한 일으키고 있다. 해마다 약 9,200만 톤의 옷이 버려지고 있고, 이 중 많은 옷은 재활용되지 않는다. 옷을 만들 때 쓰이는 화학 물질은 하천과 바다를 더럽히고 옷에서 나온 미세 플라스틱이 바다 생물을 해치는 일도 많다.

또한 패스트 패션이 싸게 옷을 팔 수 있는 이유는 개발 도상국의 노동자들이 낮은 임금을 받으며 힘든 환경에서 일하기 때문이다. 이들은 안전하지 않은 근무 환경에서 장시간 일하지만 제대로 된 법적 시스템이나 보호를 받지 못해 인권 문제로도 이어진다.

이 문제를 해결하기 위해서는 먼저 필요한 옷만 사는 습관이 중요하다. 오래 입을 수 있는 옷을 고르고, 환경을 생각하는 지속 가능한 브랜드를 선택하는 것도 좋은 방법이다. 지구와 사람을 생각하는 선택이 트렌디한 옷을 입는 것보다 더 멋지다는 걸 기억하자.

차근차근 이해하기

☞ **알쓸어록**(알아 두면 쓸모 있는 어휘 기록)

착취: 생산 수단을 가진 사람이 노동자로부터 그 성과를 무상으로 취득함
소모: 써서 없앰
원자재: 공업 생산의 원료가 되는 자재
고갈: 어떤 일의 바탕이 되는 돈이나 물자, 소재, 인력 따위가 다하여 없어짐

똑똑하게 분석하기

☞ 문단별로 요약한 내용을 확인하고, (　　)안에 들어갈 단어를 써 보세요.

1문단: (　　　　　)의 유행
2문단: 많은 자원을 소모하고 (　　　　　)를 일으키는 패스트 패션
3문단: 패스트 패션과 (　　　　　) 문제
4문단: 패스트 패션의 (　　　　　)을 위한 방법

자유롭게 생각해 봅시다

☞ 패스트 패션은 저렴한 가격에 트렌디한 옷을 제공하기 때문에 많은 사람이 선호해요. 여러분은 패스트 패션에 대해 어떻게 생각하나요? 자신의 경험을 비추어 자유롭게 생각해 보세요.

확장해서 읽어 봅시다

요즘은 유행하는 옷을 빠르게, 싸게 만들어 파는 패스트 패션이 인기를 끌고 있습니다. 하지만 이런 옷은 환경을 오염시키고 옷을 만드는 사람들이 힘든 조건에서 일하게 만드는 문제가 있습니다.

이런 문제를 줄이기 위해 등장한 것이 바로 슬로우 패션입니다. 슬로우 패션은 패스트 패션과 반대로, '천천히, 정성껏 만든 옷'을 뜻합니다. 이 운동은 옷을 오래 입을 수 있도록 품질 좋고 튼튼하게 만들고, 환경을 해치지 않는 재료와 방법을 사용합니다. 그리고 옷을 만드는 사람들의 인권도 소중히 여기는 것이 중요한 원칙입니다. 슬로우 패션은 단순히 옷을 사는 것이 아니라, 그 옷이 어떻게 만들어졌는지, 지구와 사람들에게 어떤 영향을 주는지를 생각하며 책임 있게 소비하자는 뜻을 담고 있습니다.

이런 생각을 실천할 수 있는 방법 중 하나로 '아무것도 사지 않는 날'이 있습니다. 매년 11월 마지막 주 금요일(또는 29일), 사람들은 새 옷을 사지 않고 지금 가지고 있는 옷을 잘 입거나 친구와 바꿔 입는 활동을 합니다. 이렇게 하면 자원을 아끼고 슬로우 패션의 가치를 다시 생각할 수 있는 기회가 됩니다.

비록 작은 실천이지만 우리가 함께하면 지구를 지키는 큰 힘이 될 수 있습니다.

답

1문단: **패스트 패션**
2문단: **환경 문제**
3문단: **인권**
4문단: **문제 해결**

2장

과학

1

〈쥬라기 공원〉 속 공룡 복원, 현실에서도 과연 가능할까?

중세 시대의 공룡을 현실에서 다시 만날 수 있을까? 영화 〈쥬라기 공원〉에서는 공룡의 피를 빨아 먹은 모기가 호박 속에 갇혀 수만 년 동안 혈액을 간직하고, 과학자들이 그 피에서 DNA를 추출해 공룡을 되살린다. 하지만 실제로 약 6,500만 년 전에 **멸종**된 공룡을 **복원**하는 일은 영화처럼 쉽지 않다. 시간이 너무 많이 지나 공룡의 DNA는 거의 다 사라졌다. 게다가 공룡의 알을 **부화**시킬 만큼 크고 알맞은 동물도 없어서 어려움이 많다.

하지만 희망이 전혀 없는 것은 아니다. 비교적 최근에 멸종한 동물은 복원할 수 있을지도 모른다. 과학자들은 잘 보존된 DNA를 찾아 유전자를 복원하고, 코끼리나 호랑이처럼 유전적으로 가까운 동물의 몸을 빌려 새끼를 태어나게 하려는 연구를 하고 있다.

물론 이런 복원 기술에도 문제점은 있다. 옛날과 환경이 달라서 복원된 동물이 잘 살지 못할 수도 있고, 생태계의 균형이 무너질 위험도 있다. 또 멸종된 동물을 다시 만드는 것이 과연 옳은 일인지에 대한 윤리적인 고민도 필요하다.

아직은 공룡을 다시 만나는 것이 현실적으로 어렵지만, 과학 기술, 특히 DNA 복구 기술이나 CRISPR 유전자 가위 기술이 더 정밀해지면 언젠가는 우리가 공룡을 직접 만나 볼 날이 올지도 모른다.

차근차근 이해하기

알쓸어록(알아 두면 쓸모 있는 어휘 기록)

멸종: 생물의 한 종류가 아주 없어짐
복원: 원래대로 회복함
부화: 동물의 알 속에서 새끼가 껍데기를 깨고 밖으로 나옴

똑똑하게 분석하기

문단별로 요약한 내용을 확인하고, (　)안에 들어갈 단어를 써 보세요.

1문단: 영화 <슈라기 공원> 속에서 등장한 (　　　　)
2문단: 멸종 동물 복원의 (　　　　)
3문단: 멸종 동물 복원으로 우려되는 (　　　　)
4문단: (　　　　) 발전으로 기대할 수 있는 동물 복원

자유롭게 생각해 봅시다

공룡 대신 복원하고 싶은 다른 멸종 동물이 있나요? 있다면 어떤 동물인지 그 이유를 이야기해 보세요.

확장해서 읽어 봅시다

어떤 동물들은 멸종했지만, 과학 기술 덕분에 다시 살아날 수도 있습니다. 특히 DNA 복제 기술이 발전하면서 최근에 멸종한 동물들은 복원이 더 쉬울 수 있게 되었습니다.

첫 번째는 모아입니다. 모아는 뉴질랜드에 살았던 아주 큰 새입니다. 날 수는 없었고, 사람들의 사냥 때문에 약 600년 전에 멸종했습니다. 다행히 깃털과 알이 잘 남아 있어 과학자들이 DNA를 연구하고 있습니다.

두 번째는 캐롤라이나앵무입니다. 이 앵무새는 주로 북아메리카에서 나무 구멍에 둥지를 틀고 살았으나 숲이 사라지고 환경이 나빠지면서 1918년에 멸종했습니다. 과학자들은 남아 있는 깃털과 알 껍질로 복원 연구를 하고 있습니다.

세 번째는 양쯔강돌고래입니다. 이 돌고래는 중국의 양쯔강에 살았지만 강이 개발되면서 살 곳을 잃고 2007년에 멸종했습니다. 최근에 멸종했기 때문에 DNA를 찾기 쉬운 편입니다.

하지만 동물을 다시 살린다고 해서 모든 문제가 해결되는 것은 아닙니다. 살아갈 환경이 없으면 또다시 멸종될 수 있기 때문입니다. 그래서 과학자들은 복원을 할 때 자연과 생태계도 함께 생각해야 한다고 말합니다.

답

1문단: **공룡 복원** 2문단: **가능성**

3문단: **문제점** 4문단: **유전 공학**

2

인간을 실험체로? 과학과 윤리의 충돌

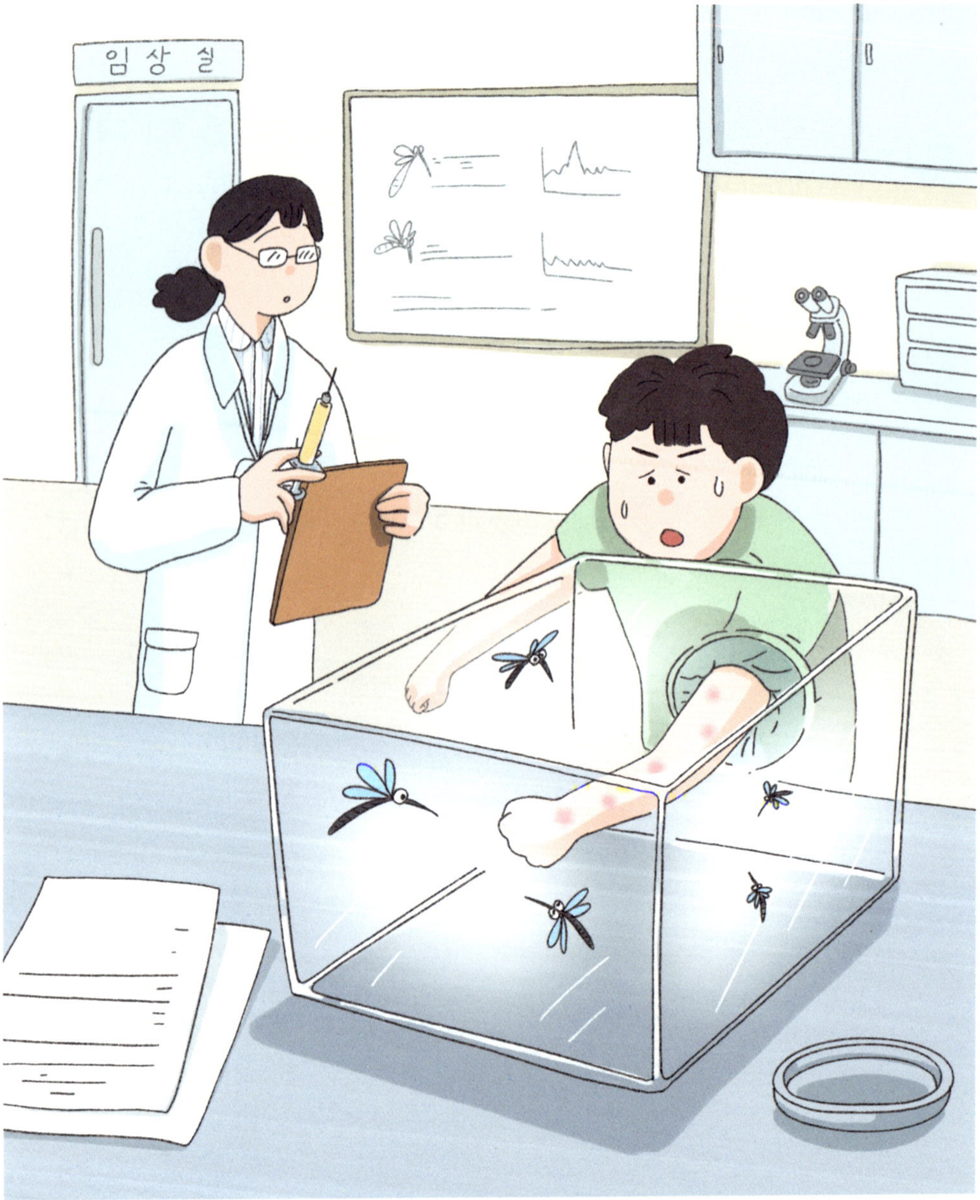

말라리아는 모기에 물려서 생기는 병으로, 매년 많은 사람이 걸리는 위험한 병이다. 과학자들은 이 병을 예방하기 위해 백신을 개발하고 있으며, 그 과정에서 '인체 유발 반응 시험'이라는 특별한 실험을 하고 있다. 이 실험은 건강한 사람에게 일부러 병을 옮겨서 병의 진행 과정을 관찰하고, 백신의 효과를 알아본다. 말라리아 백신인 R21 백신은 실험을 통해 최대 80% 예방 효과가 있는 것으로 나타나 세계보건기구(WHO)에서도 사용을 권장하고 있다. 이 실험은 코로나-19 백신 개발에도 큰 도움이 되었던 방법이다.

하지만 사람에게 일부러 병을 옮기는 실험이기 때문에 우려되는 점도 있다. 첫째, 이런 실험이 도덕적으로 맞는지에 대한 고민이다. 둘째, 만약 실험 중에 심각한 부작용이 생기면 누가 책임질 것인지도 문제이다. 셋째, 돈이 필요한 사람들이 시험에 참여할 경우 진짜 자원한 것이라고 볼 수 있는지에 대한 의문도 있다.

앞으로 과학자들은 말라리아뿐 아니라 지카 바이러스, 콜레라, 장티푸스와 같은 병에도 이 시험을 사용할 계획이다. 과학자들은 이 실험이 안전하고 정직하게 진행된다면 좋은 백신을 빠르게 만들 수 있다고 말한다. 하지만 사람의 생명과 건강이 걸려 있는 만큼, 과학과 윤리가 함께 지켜져야 한다는 점을 항상 잊지 말아야 한다.

차근차근 이해하기

☞ **알쓸어록**(알아 두면 쓸모 있는 어휘 기록)

백신: 전염병에 대하여 인공적으로 면역을 주기 위해 인체에 투여하는 약
유발: 어떤 것이 다른 일을 일어나게 함
부작용: 어떤 일에 부수적으로 일어나는 바람직하지 못한 일

똑똑하게 분석하기

☞ 문단별로 요약한 내용을 확인하고, (　　)안에 들어갈 단어를 써 보세요.

1문단: (　　　　　　) 인체 유발 반응 시험과 효과
2문단: (　　　　　　)과 관련된 논란
3문단: 과학과 윤리의 (　　　　　　)의 필요성

자유롭게 생각해 봅시다

☞ 인체 유발 반응 시험은 백신 개발 등 긍정적인 목적을 가지고 있지만, 그로 인해 발생할 수 있는 문제점도 많습니다. 여러분은 이러한 인체 유발 반응 시험에 대해 찬성하나요, 아니면 반대하나요?

확장해서 읽어 봅시다

인체 유발 반응 시험은 병을 연구하기 위해 사람의 몸에 일부러 병균을 넣는 실험입니다. 이 실험은 백신을 만들거나 병의 원인을 알아내는 데 도움이 되지만, 사람의 생명과 건강에 큰 영향을 줄 수 있기 때문에 조심해야 합니다.

과거에는 사람의 동의 없이 실험을 진행해 큰 문제가 된 사례도 있었습니다. 예를 들어 나치 과학자들은 강제 수용소에서 결핵과 여러 병균을 사람에게 감염시키는 실험을 했고, 이로 인해 많은 사람이 고통을 받았습니다. 또한 1940년대에는 미국 의사들이 과테말라에서 매독 실험을 했는데, 환자와 죄수들에게 동의를 받지 않고 병을 옮겼습니다.

1970년대에는 뉴욕의 한 학교에서 장애 아동에게 간염 바이러스를 감염시키는 실험도 있었습니다. 이때 아이들은 실험에 대해 아무런 설명도 듣지 못하고 참여했습니다. 이런 실험들은 사람들의 건강과 권리를 지키지 않아 매우 위험하고 잘못된 사례입니다.

이런 역사적 사건들은 과학 실험을 할 때 사람의 동의와 안전을 가장 중요하게 생각해야 한다는 교훈을 줍니다. 앞으로의 실험에서도 윤리와 생명을 지키는 것이 가장 중요하다는 것을 잊지 말아야 합니다.

답

1문단: 말라리아

2문단: 인체 유발 반응 시험

3문단: 균형

3

우주에서 뼈가 부러지기 쉬운 이유는 무엇일까

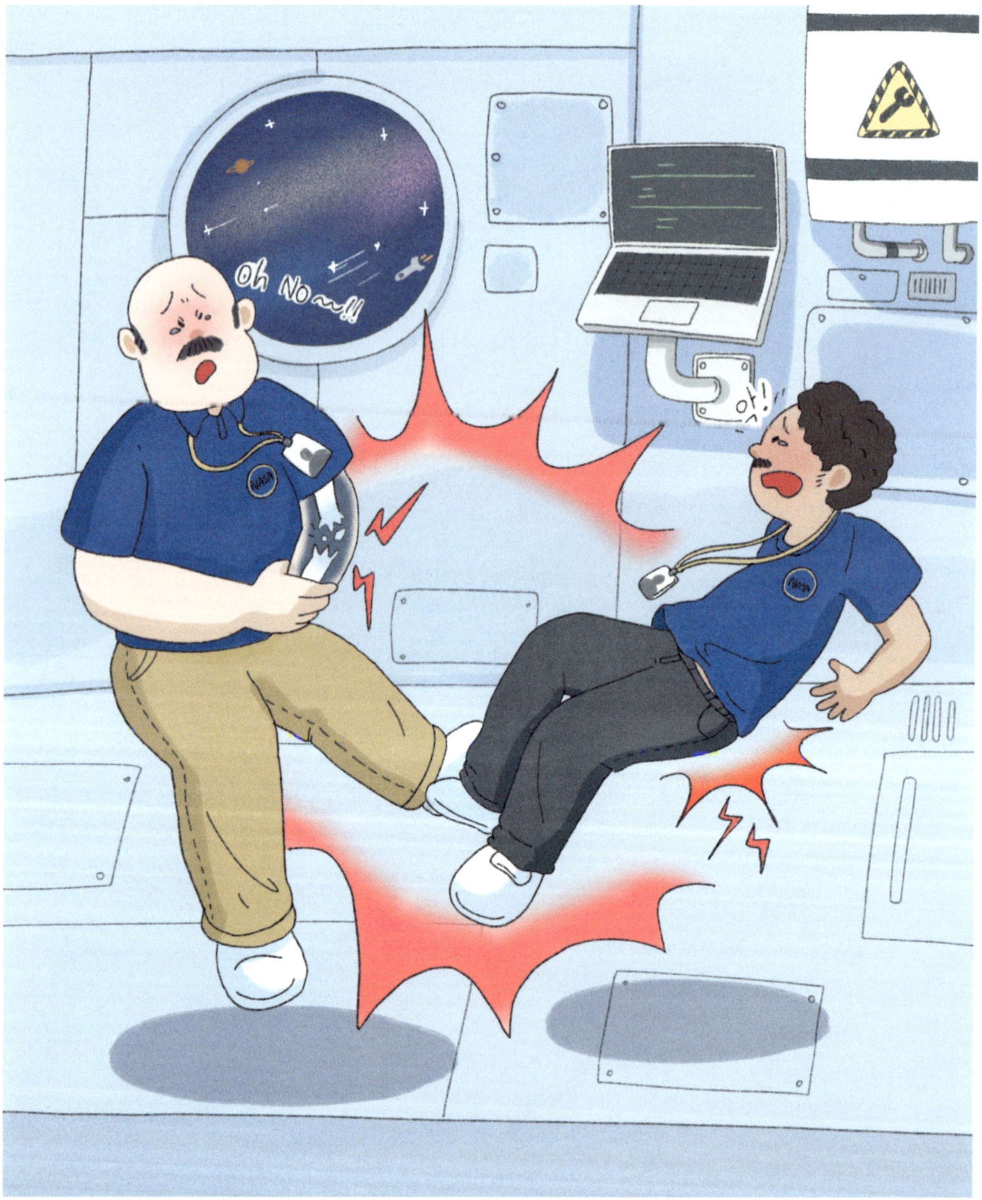

우주 탐험이 활발해지면서 사람이 우주에서 사는 것에 대한 관심도 커지고 있다. 하지만 우주에서는 지구와 달리 중력이 거의 없는 환경, 즉 미세 중력 상태가 된다.

미세 중력 상태에서는 몸에 여러 가지 변화가 생긴다. 먼저 중력의 힘을 덜 받게 되어 뼈 밀도가 감소하고 약해져 쉽게 부러질 수 있다. 그래서 우주 비행사들은 뼈의 건강을 유지하기 위해 운동이나 칼슘 보충을 한다. 또한 일상적인 신체 활동이 줄어들어 근육의 크기와 힘이 감소한다. 이를 예방하기 위해 특별한 운동 프로그램을 실시한다.

심장과 혈액 순환에도 변화가 생긴다. 혈액이 위쪽으로 몰리면서 머리가 무겁고 불편해질 수 있다. 균형 감각이 떨어져 균형을 잡기 어렵고 잘 넘어지기도 한다. 또한 일부 우주인은 시력이 나빠지는 경험을 하기도 한다. 이는 우주의 압력 변화 때문으로 보인다.

이런 문제들을 해결하기 위해 우주 비행사들은 운동, 식단 조절, 위생 관리 등을 통해 건강을 유지하려고 노력한다. 우주에서의 생활은 우리 몸에 많은 변화를 가져올 수 있기 때문에, 과학자들은 앞으로도 우리 몸이 우주에 잘 적응할 수 있는 방법을 계속 연구할 예정이다.

차근차근 이해하기

☞ **알쓸어록**(알아 두면 쓸모 있는 어휘 기록)

밀도: 빽빽이 들어선 정도
적응: 일정한 조건이나 환경 따위에 맞추어 응하거나 알맞게 됨

똑똑하게 분석하기

☞ 문단별로 요약한 내용을 확인하고, (　)안에 들어갈 단어를 써 보세요.

1문단: 지구와 다른 (　　　　)이 조성되는 우주
2문단: 미세 중력이 (　　　　)와 (　　　　)에 미치는 영향
3문단: 미세 중력이 심장, 혈액 순환, (　　　　)에 미치는 영향
4문단: 우리의 몸이 우주 환경에 (　　　　)하기 위한 방법

자유롭게 생각해 봅시다

☞ 우주의 중력이 우리 몸에 미치는 영향이 크지만, 그럼에도 우주 여행을 하고 싶다는 생각이 드나요? 그 이유는 무엇인가요?

확장해서 읽어 봅시다

우주 탐험이 활발해지면서 화성 탐사에 대한 관심도 높아지고 있습니다. 하지만 우주에서 오래 생활하는 우주 비행사들은 여러 가지 위험에 마주하게 됩니다. 미국항공우주국(NASA)은 다섯 가지 주요 위험을 소개했습니다.

첫째는 우주 방사선입니다. 우주에는 강한 에너지 입자가 있어 몸의 세포나 DNA를 손상시켜 건강에 나쁠 수 있습니다. 둘째는 고립감입니다. 좁은 공간에서 오래 지내면 외로움과 스트레스를 느낄 수 있습니다. 이를 줄이기 위해 가상 현실 기기 같은 기술이 사용됩니다. 셋째는 자원 부족입니다. 화성은 지구에서 멀리 떨어져 있어 응급 상황에 쉽게 대처하기 어렵습니다. 음식과 의료 장비를 잘 준비해야 합니다. 넷째는 중력 차이입니다. 화성의 중력은 지구보다 약해 근육과 뼈가 약해질 수 있습니다. 우주에서 돌아온 후 건강 검진이 꼭 필요합니다. 마지막으로 다섯째는 밀폐된 공간 생활입니다. 공기, 음식, 쓰레기 관리가 필요하고 스트레스가 생길 수 있습니다.

NASA는 이런 위험을 줄이기 위해 계속해서 연구와 기술 개발을 하고 있습니다. 우주 탐사를 더 안전하게 만들기 위한 노력은 앞으로도 계속될 것입니다.

답

1문단: **중력** 2문단: **뼈, 근육**

3문단: **시력** 4문단: **적응**

4

모기는 모기로 막는다!
질병 막는 유전자 조작 모기

질병을 옮기지 않는 유전자 조작 모기가 주목받고 있다. 과학자들은 말라리아, 뎅기열, 지카 바이러스처럼 모기가 옮기는 전염병을 막기 위해 이 모기를 개발하였다.

유전자 조작 모기는 처음부터 질병을 퍼뜨리지 않도록 설계된 수컷 모기이다. 보통 사람을 무는 모기는 암컷인데, 이 모기들은 모두 수컷이며 tTAV라는 특별한 단백질을 가지고 있다. 이 단백질은 암컷 유충이 자라지 못하고 죽게 만들어 모기의 수를 줄인다. 그렇기 때문에 수컷과 암컷이 짝짓기를 하여 태어난 암컷 유충은 성장하지 못하고 죽게 된다. 이런 과정을 반복하면 전체 모기 수를 80~95%까지 줄일 수 있다. 이를 통해 매년 약 70만 명의 생명을 위협하는 전염병을 막을 수 있고, 22종 이상의 질병 예방 효과도 기대하게 된다.

하지만 유전자 조작 모기에 대한 우려의 목소리도 있다. 유전자 조작 모기가 새로운 돌연변이 모기를 만들어 낼 수 있다고 경고한다. 또한 다른 생명체들에게도 어떤 영향을 줄지 알기도 어렵다. 모기는 감염병을 발생시키는 위험한 존재이기도 하지만, 생태계에서 중요한 역할을 하는 생명체이기도 하다. 그렇기 때문에 앞으로 모기와 어떻게 공생해 나가야 할지 많은 고민과 논의가 필요하다.

차근차근 이해하기

알쓸어록(알아 두면 쓸모 있는 어휘 기록)

주목: 관심을 가지고 주의 깊게 살핌
유충: 알에서 나온 후 아직 다 자라지 아니한 벌레
공생: 서로 도우며 함께 삶

똑똑하게 분석하기

문단별로 요약한 내용을 확인하고, (　)안에 들어갈 단어를 써 보세요.

1문단: 유전자 조작 모기 (　　　　)
2문단: 유전자 조작 모기의 (　　　　)과 효과
3문단: 유전자 조작 모기에 대한 (　　　　)와 고민

자유롭게 생각해 봅시다

유전자 조작 모기는 전염병을 차단할 가능성이 크지만 이 실험이 완전히 안전한지 확실하게 밝혀지지 않았어요. 이러한 상황에서 여러분은 유전자 조작 모기를 푸는 것에 찬성하나요? 혹은 반대하나요? 그 이유를 말해 보세요.

확장해서 읽어 봅시다

유전자 조작은 생물의 유전자를 사람이 인위적으로 바꾸는 기술입니다. 이렇게 하면 생물의 특성을 변경할 수 있으며, 예를 들어 더 많은 수확을 할 수 있는 작물이나 병에 강한 동물을 만들 수 있습니다.

유전자 조작의 장점 중 하나는 질병 예방입니다. 예를 들어 유전자 조작 모기는 말라리아나 뎅기열 같은 병을 옮기지 않아 많은 사람을 병으로부터 보호할 수 있습니다. 또 해충에 강한 작물을 만들어 수확량이 늘어나고 농약 사용도 줄일 수 있어 환경 보호에도 도움이 됩니다.

하지만 유전자 조작에는 걱정되는 점도 있습니다. 예상하지 못한 문제가 생기거나 자연의 다른 생물에 영향을 줄 수 있기 때문입니다. 특히 사람의 유전자를 조작하는 것이 도덕적으로 옳은지에 대한 논의가 필요합니다.

그래서 유전자 조작 기술은 장점과 위험을 함께 생각하며 조심스럽게 사용해야 합니다. 과학이 발전하더라도 안전과 윤리를 지키는 자세가 중요합니다.

답

1문단: **개발** 2문단: **특징**

3문단: **우려**

5

AI가 그림을 그리면 지구가 뜨거워진다?

요즘 인공 지능(AI)은 그림을 그리거나 글을 쓰고 복잡한 문제를 해결하는 등 다양한 분야에서 활약하고 있다. 하지만 AI의 사용량이 늘어날수록 지구 온도가 높아지고 있다는 사실은 잘 모른다.

AI가 잘 작동하려면 수많은 자료를 계산하고 저장할 수 있는 큰 컴퓨터가 필요하다. 이런 컴퓨터들이 모여 있는 곳을 '데이터 센터'라고 하고, 이곳을 운영하려면 많은 전기가 필요하다. 전기를 만들 때 석탄이나 가스를 태우면 탄소가 생기고, 이것이 지구 온난화를 일으킨다. 실제로 AI를 사용하는 회사들은 탄소 배출이 늘었다고 인정하고 있다. 데이터 센터는 항상 열이 나기 때문에 냉각 장치도 필요한데, 이 장치 또한 많은 전기를 사용하게 된다.

이 문제를 해결하기 위해 과학자들과 기업들은 새로운 아이디어를 내고 있다. 어떤 회사는 바닷속에 컴퓨터를 설치해 찬물로 식히는 방법을 사용하고, 어떤 회사는 북극 근처에서 자연 바람으로 식히고 있다. 영국에서는 수영장 밑에 데이터 센터를 두어 수영장 물을 데우는 데 활용하기도 한다.

AI는 우리 생활을 편리하게 해 주는 멋진 기술이지만 지구를 아프게 하지 않도록 똑똑하게 사용하는 노력도 꼭 필요하다. 기술과 자연이 함께 어울릴 수 있도록 지혜가 필요하다.

차근차근 이해하기

알쓸어록(알아 두면 쓸모 있는 어휘 기록)

활약: 활발히 활동함
배출: 안에서 밖으로 밀어 내보냄
냉각: 식혀서 차게 함

똑똑하게 분석하기

문단별로 요약한 내용을 확인하고, (　)안에 들어갈 단어를 써 보세요.

1문단: AI 사용 증가와 (　　　　)
2문단: 데이터 센터의 (　　　　) 소비
3문단: AI로 인한 문제점을 해결하기 위한 (　　　　)
4문단: AI 기술 발전과 (　　　　) 보호와의 균형

자유롭게 생각해 봅시다

데이터 센터를 식히기 위해 바닷속이나 북극 근처에 설치하는 방법이 소개되었어요. 여러분이라면 지구를 위해 어떤 친환경 아이디어를 떠올릴 수 있을까요?

확장해서 읽어 봅시다

요즘 인공 지능을 이용해 유명 애니메이션 회사인 '지브리'의 그림 스타일로 사진을 바꾸는 것이 유행하고 있습니다. 친구들의 SNS 프로필 사진이 하나둘씩 지브리 스타일로 바뀌는 걸 본 사람도 있을 것입니다. 하지만 이런 유행을 걱정하는 목소리도 있습니다. 지브리 스타일은 미야자키 하야오 감독과 많은 사람이 오랜 시간 노력해 만든 것이기 때문입니다.

우리나라 저작권법에서는 '스타일'만으로는 저작권 보호를 받기 어렵습니다. 저작권은 특별한 '표현'을 보호하는데, 스타일은 아이디어에 더 가깝다고 보기 때문입니다. 예를 들어 인상주의나 초현실주의 같은 미술 스타일도 저작권으로 보호하지는 않습니다.

하지만 저작권이 없다고 해서 아무렇게나 써도 되는 것은 아닙니다. '부정경쟁방지법'이 있어서, 다른 사람의 노력을 무단으로 사용하는 것을 막고 있습니다. 지브리 스타일이 사람들의 얼굴이나 이름처럼 특별히 보호받는 대상은 아니지만, 지브리를 만든 사람들이 오랜 시간 노력해서 만든 결과물이기 때문에 돈을 벌기 위해 함부로 사용하면 문제가 될 수 있다는 것을 알아야 합니다.

답

1문단: **온난화**　　2문단: **전력**

3문단: **아이디어**　　4문단: **환경**

6 오래 두어도 안 썩는 과일의 비밀은 바로 식용 코팅

최근 대형 마트나 과일 가게에서 '장기간 신선함 유지'를 내세운 과일들이 인기를 끌고 있다. 일반적으로 과일은 수확 후 시간이 지나면 쉽게 물러지거나 상하기 마련인데 며칠이 지나도 싱싱함을 유지하는 과일의 비밀은 무엇일까? 바로 '식용 코팅' 기술이다.

식용 코팅은 과일 표면에 얇은 막을 씌워 수분 증발을 막아 주고 공기와 닿는 것을 줄여 주는 기술이다. 이 코팅은 식물성 성분, 밀랍, 해조류 추출물 등 사람이 먹어도 안전한 재료로 만들어지기 때문에 걱정하지 않아도 되고 산소가 과일 속으로 들어가면서 일어나는 부패 과정을 늦출 수 있다.

실제로 미국에서는 아보카도, 오렌지, 레몬 등에 식용 코팅 기술이 이미 사용되고 있고 국내에서도 최근 사과, 바나나, 딸기 같은 과일에 식용 코팅 기술을 적용한 제품이 등장하고 있다. 식용 코팅 기술은 과일뿐 아니라 채소, 빵, 생선 등 다양한 신선 식품에도 적용할 수 있어 식품 산업의 혁신 기술로 주목받고 있다.

하지만 겉보기에는 멀쩡해 보여도 속까지 신선한 것은 아닐 수 있으니, 유통기한을 꼼꼼히 살펴보는 습관이 필요하다. 장시간 신선함을 유지할 수 있는 식용 코팅 기술이 음식물 쓰레기를 줄이고 환경을 보호하는 데 어떻게 기여할지 기대가 높아지고 있다.

차근차근 이해하기

👉 **알쓸어록**(알아 두면 쓸모 있는 어휘 기록)

증발: 어떤 물질이 액체 상태에서 기체 상태로 변함
부패: 독특한 냄새가 나거나 유독성 물질이 발생하는 현상
기여: 도움이 되도록 이바지함

똑똑하게 분석하기

👉 문단별로 요약한 내용을 확인하고, (　)안에 들어갈 단어를 써 보세요.

1문단: (　　　　) 과일의 인기
2문단: 식용 코팅의 (　　　　)
3문단: 식용 코팅이 (　　　　)되고 있는 사례
4문단: 식용 코팅의 주의점과 (　　　　) 보호에 대한 기대

자유롭게 생각해 봅시다

👉 식용 코팅처럼 겉모습을 오래 싱싱하게 유지하는 기술이 점점 더 많이 사용되고 있어요. 이럴 때 겉모습에만 속지 않고 정말 신선한지 올바르게 판단하기 위해 우리는 어떤 방법이나 습관을 가져야 할까요?

확장해서 읽어 봅시다

전 세계에서는 1년에 약 1,404조 원이나 되는 과일과 채소가 버려지고 있습니다. 이렇게 버려지는 음식은 매년 33억 톤의 이산화탄소를 만들어 지구를 뜨겁게 하는 지구 온난화의 원인이 됩니다. 그래서 세계 곳곳에서는 음식물 쓰레기를 줄이기 위해 식용 코팅 기술을 연구하고 있습니다. 식용 코팅은 과일과 채소를 더 오래 신선하게 해 주어 환경 보호에 도움이 되는 기술입니다.

스위스는 포도 찌꺼기로 만든 코팅제로 6일 동안 오이의 싱싱함을 유지할 수 있었습니다. 이스라엘은 고추, 토마토, 망고 등에 쓰는 코팅제를 만들어 플라스틱 포장도 줄이고 있습니다. 미국은 누에고치에서 나온 실크 단백질로 만든 코팅제를 개발했지만, 값이 비싼 점이 문제라고 합니다. 우리나라에서는 카이스트 연구팀이 친환경 나노 코팅 기법을 이용해 과일의 부패 기간을 늦출 수 있는 기술을 개발했습니다. 해당 기술은 과일이나 채소보다는 달걀의 신선함을 지키는 데 사용되고 있습니다.

이처럼 세계 여러 나라에서 지구를 지키는 식용 코팅을 연구하고 있습니다. 앞으로 마트나 시장에서 이런 식품을 쉽게 볼 수 있을 날이 올지도 모릅니다.

답

1문단: 식용 코팅　　2문단: 원리

3문단: 적용　　4문단: 환경

7

아이언맨의 자비스가 현실로? 스마트 안경

요즘 스마트 안경이 혁신적인 기술로 많은 관심을 받고 있다. 스마트 안경은 보통 안경처럼 생겼지만, 고화질 화면이 있어 정보를 보여주고 사진도 찍을 수 있으며 목소리를 알아듣고 명령을 이행하기도 한다. 처음에는 간단한 정보만 보여 줬지만 지금은 과학 기술의 발전으로 인공 지능이 더해져 데이터를 분석하고 음성을 인식하기도 한다. 또한 사용자는 필요한 정보를 바로 확인할 수 있고 손을 쓰지 않고도 명령을 내릴 수 있어 생활이 더 편리해지고 있다.

스마트 안경은 일상생활뿐 아니라 여러 분야에서도 많은 도움을 주고 있다. 예를 들어 의사들은 수술을 할 때 환자의 몸 상태를 보며 더 정확하고 안전하게 수술할 수 있다. 학교에서는 학생들이 역사나 과학 수업을 들을 때 가상 세계를 체험하며 더 쉽게 배울 수 있다. 공장에서 일하는 사람들은 복잡한 조립 과정을 눈앞에서 안내받으며 더 빠르고 정확하게 일할 수 있어 생산성이 높아진다.

스마트 안경은 과학 기술이 함께 어우러져 생긴 도구로, 우리 생활과 여러 산업에 큰 변화를 가져오고 있다. 이 기술은 단순한 발명품이 아니라, 사람들이 더 편리하고 풍요로운 삶을 살 수 있도록 도와주는 중요한 도구가 되고 있다. 앞으로 스마트 안경은 우리의 삶 속에 더 깊이 들어와 새로운 가능성을 열어 줄 것이다.

차근차근 이해하기

☞ **알쓸어록**(알아 두면 쓸모 있는 어휘 기록)

혁신: 묵은 풍속, 관습, 조직, 방법 등을 완전히 바꾸어 새롭게 하는 것
가상: 실물처럼 보이는 거짓 형상
생산성: 노동을 들여 만들어 낸 생산물의 양

똑똑하게 분석하기

☞ 문단별로 요약한 내용을 확인하고, ( )안에 들어갈 단어를 써 보세요.

1문단: (   )의 발선과 기능
2문단: 스마트 안경의 (   ) 분야
3문단: 스마트 안경이 (   )에 미치는 영향

자유롭게 생각해 봅시다

☞ 스마트 안경의 발전이 우리의 삶에 어떤 영향을 미칠 것으로 기대되나요? 여러분의 일상에서 스마트 안경이 도움을 줄 수 있는 부분에 대해 생각해 보세요.

확장해서 읽어 봅시다

나이가 들면 가까운 글씨나 물건이 잘 보이지 않게 됩니다. 이것을 노안이라고 합니다. 노안은 누구나 나이가 들면 자연스럽게 생기는 눈의 변화입니다.

이런 노안을 돕기 위해 스마트 안경이 주목받고 있습니다. 스마트 안경은 똑똑한 기능을 가진 안경입니다. 이 안경에는 고화질 화면이 있고 자동으로 초점을 맞추는 기능도 있습니다. 이 기능은 사람이 어디를 보고 있는지 알아내어 가까운 물건을 또렷하게 보여 줍니다. 그래서 책이나 스마트폰을 더 편하게 볼 수 있게 도와줍니다. 또한 스마트 안경은 글자 크기를 키우거나 배경을 흐리게 만들어서 눈이 더 편안하도록 도와줍니다. 사람마다 눈이 다르기 때문에 자신에게 맞게 화면을 바꿀 수 있습니다.

이처럼 스마트 안경은 단순히 멋을 위한 물건이 아니라 눈 건강을 지켜 주는 중요한 도구입니다. 앞으로 기술이 더 발전하면 스마트 안경은 더 많은 일을 할 수 있을 것입니다.

답

1문단: **스마트 안경** 2문단: **활용**

3문단: **산업**

8

방수 효과의 원조, 연잎에 숨은 비밀

비가 올 때 우산을 쓰거나 비를 피하지 않아도 어떤 옷이나 물건은 젖지 않는다. 바로 방수 기술 덕분이다. 물은 다른 것에 잘 달라붙는 성질이 있어 보통은 옷이나 몸이 쉽게 젖는다. 이런 불편함을 줄이기 위해 방수 기능이 생겨났다.

방수 기술은 물이 스며들지 않도록 표면을 코팅하거나 막는 기술이다. 하지만 이것만으로는 부족해서 발수 기술도 함께 쓰인다. 발수는 물방울은 튕겨 내고 공기는 통과시키는 기술로, 방수와 결합하면 더 효과적인 방수 제품이 만들어진다.

이런 방수와 발수 기술은 자연에서 힌트를 얻었다. 1975년, 독일의 과학자 빌헬름 바르트로트은 연잎을 현미경으로 관찰하다가 아주 작은 돌기들을 발견했다. 이 돌기들 덕분에 물방울은 연잎에 직접 닿지 않고 동그랗게 굴러다니며 먼지를 함께 씻어 냈다. 이를 '연잎 효과'라고 부르며, 방수 기술의 중요한 원리로 사용하고 있다.

방수 제품은 잘 관리해야 오래 쓸 수 있다. 물에 약한 전자 기기에 물이 닿았을 때는 부드러운 천으로 닦고 말려야 하고, 방수 옷은 40도씨의 온수에 전용 세제로 조심스럽게 빨아야 한다. 이렇게 관리하면 방수 제품의 성능을 오래 유지할 수 있다.

차근차근 이해하기

알쓸어록(알아 두면 쓸모 있는 어휘 기록)

표면: 사물의 가장 바깥쪽
돌기: 뾰족하게 내밀거나 도드라진 부분
성능: 기계 따위가 지닌 성질이나 기능

똑똑하게 분석하기

문단별로 요약한 내용을 확인하고, ( )안에 들어갈 단어를 써 보세요.

1문단: 비를 막는 ( ) 기술
2문단: 방수와 ( ) 기술의 결합 효과
3문단: ( )에서 얻은 방수의 원리
4문단: 방수 제품의 ( ) 방법

자유롭게 생각해 봅시다

방수와 발수 기술의 차이점에 대해 설명해 보세요. 두 기술이 어떻게 함께 사용되어 방수 제품의 성능을 높이는지 구체적으로 이야기해 보세요.

확장해서 읽어 봅시다

비가 많이 오는 날, 우리가 가장 많이 쓰는 물건은 우산입니다. 우산은 '폴리에스테르'라는 특별한 원단으로 만들어집니다. 이 원단은 물보다 더 작은 구멍들로 촘촘하게 되어 있어 물이 스며들지 않습니다. 따라서 우리는 비를 맞지 않고도 편하게 다닐 수 있습니다.

고어텍스라는 소재도 방수에 중요한 역할을 합니다. 이 얇은 막은 아주 작은 구멍이 있어서 공기는 통과하지만 물은 들어오지 못합니다. 그래서 고어텍스는 등산용 신발이나 옷, 장갑에 자주 사용됩니다.

요즘은 휴대폰에도 방수 기능이 있어서, 비가 와도 통화나 음악 듣기가 가능합니다. 또 자동차 유리에 바르는 발수 코팅제는 물을 밀어내는 성질이 뛰어나 비가 와도 물이 흘러내려서 운전할 때 앞이 잘 보이게 도와줍니다.

최근에는 시계나 화장품에도 방수 기술이 쓰이고 있습니다. '워터프루프 화장품'은 유분이 물을 막아주는 역할을 하여 땀이나 물에도 번지지 않게 도와줍니다.

이처럼 방수 기술은 우리 생활을 편리하고 안전하게 만들어 줍니다. 앞으로 방수 기술은 더 발전해서 우리의 생활에 더 많은 도움을 줄 것입니다.

답

1문단: 방수　　2문단: 발수

3문단: 연잎　　4문단: 관리

3장

기술

1

딥페이크, AI로 인한 새로운 범죄

요즘 인공 지능(AI) 기술이 빠르게 발전하고 있다. 이 기술은 많은 정보를 빠르게 분석해 사람들이 필요한 것을 찾는 데 큰 도움을 준다. 하지만 잘못 사용되면 심각한 문제를 일으킬 수 있다.

그중 대표적인 예가 딥페이크이다. 딥페이크는 AI 기술을 이용해 사람의 얼굴이나 목소리를 조작해 진짜처럼 보이게 만드는 기술이다. 원래는 영화나 방송에서 특수 효과를 위해 사용되었지만, 요즘은 거짓 뉴스나 범죄에 **악용**되는 일이 많아지고 있다.

딥페이크는 연예인을 대상으로 한 가짜 영상, 보이스피싱, 범죄 등에도 사용되고 있다. 이렇게 만들어진 영상이나 음성은 진짜처럼 보여 사람들이 쉽게 속을 수 있고, 피해자에게는 정신적 고통과 사회적 피해를 주기도 한다.

이런 문제를 막기 위해서는 콘텐츠를 **검증**하고 **차단**하는 시스템이 필요하다. 유튜브나 인스타그램 같은 소셜 미디어는 가짜 정보가 퍼지기 전에 막을 수 있는 기술을 더욱 강화해야 한다. 또한 딥페이크를 이용한 범죄를 막기 위한 법도 필요하다. 몇몇 나라에서 관련 법이 논의되고 있지만 아직 부족한 점이 많다. 위험한 결과를 낳을 수 있는 딥페이크 기술은 올바른 사용과 강한 규제가 함께 이루어져야 한다.

차근차근 이해하기

알쓸어록(알아 두면 쓸모 있는 어휘 기록)

악용: 알맞지 않게 쓰거나 나쁜 일에 씀
검증: 검사하여 증명함
차단: 액체나 기체 등의 흐름 또는 통로를 막거나 끊어서 통하지 못하게 함

똑똑하게 분석하기

문단별로 요약한 내용을 확인하고, ( )안에 들어갈 단어를 써 보세요.

1문단: AI 기술의 (   )과 영향
2문단: (   )의 개념
3문단: 딥페이크 (   )의 피해
4문단: 딥페이크 문제 대응 (   )

자유롭게 생각해 봅시다

빅 테크 기업들이 AI 딥페이크 콘텐츠에 워터마크를 표기하여 제대로 된 정보를 검증하겠다고 발표하였어요. 효과가 있다고 생각하나요? 소셜 미디어에서 가짜 정보를 막기 위해 어떤 방법이 가장 효과적이라고 생각하나요?

확장해서 읽어 봅시다

한동안 '밤양갱'이라는 노래 AI 커버 영상이 SNS에서 큰 화제가 되었습니다. 많은 사람이 이 노래를 따라 불렀지만, 특히 한 연예인의 목소리로 된 커버 영상이 인기를 끌었습니다. 그런데 이 연예인은 실제로 이 노래를 부른 적이 없다고 말했습니다. AI가 그 연예인의 목소리를 흉내 내서 만든 노래였던 것입니다.

이런 노래는 사람의 목소리를 흉내 내서 진짜처럼 들리게 하는 '딥보이스'라는 기술로 만들어집니다. 하지만 이 기술에는 문제가 있습니다.

첫째는 저작권 문제입니다. AI로 만든 노래가 인기를 얻고 돈을 벌게 되어도 진짜 가수는 돈을 받지 못합니다. 목소리에 대한 저작권이 아직 없기 때문입니다. 둘째는 범죄에 악용될 수 있다는 점입니다. 다른 사람의 목소리를 쉽게 만들 수 있다면 누군가를 속이거나 나쁜 일에 쓰일 수도 있습니다.

이런 문제를 막기 위해 유럽 연합은 AI로 만든 콘텐츠에는 표시(워터마크)를 꼭 하도록 법을 만들었습니다. 한국에서도 AI를 이용한 노래나 콘텐츠에는 'AI 사용' 표시를 하자는 법안이 논의되고 있습니다.

하지만 너무 많은 규제가 기술 발전을 막을 수 있다는 걱정도 있습니다. 그래서 AI로 만든 콘텐츠를 사용할 때는 윤리적으로 올바른지 먼저 생각해 보는 자세가 필요합니다.

답

1문단: **발전**
2문단: **딥페이크**
3문단: **범죄**
4문단: **방안**

2 입고 벗는 웨어러블 로봇으로 더욱 편리해질 미래

요즘 로봇 기술이 빠르게 발전하고 있다. 그중에서도 웨어러블 로봇은 사람의 몸에 착용할 수 있도록 설계된 로봇이다. 이 로봇은 사용자의 신체 능력을 도와주는 역할을 한다. 그래서 노인이나 장애인처럼 움직임이 불편한 사람들에게 매우 유용하다.

웨어러블 로봇에는 센서가 달려 있다. 이 센서는 사람이 어떻게 움직이는지를 감지한다. 그리고 이렇게 수집된 정보를 통해 어떤 도움이 필요한지를 판단한다. 예를 들어 다리가 불편한 사람이 로봇을 착용하면 걷거나 서고 뛰는 것을 도와준다.

웨어러블 로봇의 종류는 다양하다. 예를 들어 'WIM'이라는 보행 로봇은 허리에 착용해서 걷는 것을 도와주는 로봇이다. 또 공장에서 일하는 사람들을 돕는 산업용 로봇도 있는데 무거운 물건을 들 때 허리나 다리가 덜 피곤하도록 도와준다. 의료용 웨어러블 로봇인 '엑스블 멕스(X-ble MEX)'는 걷기, 서기, 앉기 등 다섯 가지 동작을 도와주는 로봇이다. 이 로봇은 보행이 어려운 사람의 근육과 관절 움직임을 돕는다.

과학자들은 웨어러블 로봇을 더 가볍고 편리하게 만들기 위해 계속 연구하고 있다. 앞으로 이 로봇은 몸이 불편한 사람들의 생활을 더욱 자유롭고 안전하게 만드는 데 큰 도움이 될 것이다.

차근차근 이해하기

☞ **알쓸어록**(알아 두면 쓸모 있는 어휘 기록)

착용: 의복, 모자, 신발, 액세서리 따위를 입거나, 쓰거나, 신거나 차거나 함
감지: 느끼어 앎
보행: 걸어 다님

똑똑하게 분석하기

☞ 문단별로 요약한 내용을 확인하고, (　)안에 들어갈 단어를 써 보세요.

1문단: 움직임을 돕는 (　　　　) 로봇
2문단: 웨어러블 로봇의 (　　　　)
3문단: 다양한 웨어러블 로봇 (　　　　)
4문단: 웨어러블 로봇의 (　　　　)

자유롭게 생각해 봅시다

☞ 여러분이 직접 웨어러블 로봇을 사용한다고 가정할 때, 여러분에게는 어떤 기능이 가장 필요하고 유용할 것 같나요? 나에게 필요한 웨어러블 로봇을 찾아보고 왜 그 기능이 중요한지 이야기해 보세요.

확장해서 읽어 봅시다

웨어러블 로봇은 사람의 몸에 착용해 움직임을 도와주는 로봇입니다. 이 로봇은 재활 치료나 공장에서 일할 때 큰 도움이 됩니다. 하지만 웨어러블 로봇에도 단점이 있습니다.

첫째, 고장이 날 수 있습니다. 센서나 모터가 잘못 작동하면 사람이 넘어질 수 있어 안전이 중요합니다. 둘째, 착용이 불편할 수 있습니다. 로봇이 무겁거나 몸에 맞지 않으면 오래 착용하기 어렵습니다. 셋째, 사용하기 어려울 수 있습니다. 기계에 익숙하지 않은 사람은 고장 났을 때 어떻게 해야 할지 모를 수 있습니다. 넷째, 개인 정보 문제도 있습니다. 웨어러블 로봇은 사람의 움직임이나 몸의 정보를 수집합니다. 이 정보가 유출되면 개인의 프라이버시가 침해될 수 있습니다. 다섯째, 가격이 비쌉니다. 웨어러블 로봇은 고급 기술이 들어가 있어 값이 비싸 필요한 사람이 쉽게 사용하지 못할 수도 있습니다. 마지막으로 로봇에 너무 의존하면 사람의 몸이 약해질 수도 있습니다.

이처럼 웨어러블 로봇은 도움이 되는 기술이지만 해결해야 할 문제들도 많습니다. 앞으로 더 안전하고 편리한 로봇을 만들기 위해 많은 연구와 노력이 필요합니다.

답

1문단: 웨어러블　　2문단: 작동 원리

3문단: 종류　　4문단: 미래

챗GPT와 '친구'가 될 수 있을까?

사람들이 대화형 인공 지능(AI)과 대화하는 것이 큰 화제가 되고 있다. 처음에는 영어 공부를 도와주는 AI 영어 강사로 인기를 끌다가 AI가 대화가 가능하다는 것을 깨닫고 사람과 자연스럽게 대화할 수 있는 AI, 즉 '소셜봇'이 만들어졌다.

예를 들어 AI 가상 친구 앱 '레플리카(Replika)'는 사용자의 성격과 말투, 관심사를 학습해 개인 맞춤형 대화를 제공한다. 사용자는 일상 이야기부터 고민 상담까지 다양한 이야기를 나누며 위로와 격려를 받을 수 있다.

옷을 추천해 주는 AI 챗봇도 있다. 패션 브랜드 H&M은 사람의 스타일에 따라 잘 어울리는 옷을 골라주는 AI 스타일리스트 챗봇 서비스를 제공한다. 또 일본의 '게이트박스'는 작은 기계 안의 홀로그램 AI 캐릭터와 함께 생활할 수 있게 만든 서비스다.

AI와의 대화에는 다양한 매력이 있다. 편하게 이야기할 수 있고 오해나 싸움이 생기지 않는다. 또 사람의 기분을 알아차리고 맞춤형 위로나 응원을 해 준다. 무엇보다 언제 어디서나 소통할 수 있다.

AI와의 관계는 단순한 정보를 넘어서 감정도 나눌 수 있는 새로운 관계로 발전하고 있다. 하지만 사람과의 관계를 완전히 대신할 수 있을지는 생각해 볼 필요가 있다.

차근차근 이해하기

☞ **알쓸어록**(알아 두면 쓸모 있는 어휘 기록)

맞춤형: 요구나 취향, 필요에 맞추어 이루어지는 형식
제공: 무엇을 내주거나 갖다 바침
소통: 막히지 아니하고 잘 통함

똑똑하게 분석하기

☞ 문단별로 요약한 내용을 확인하고, ( )안에 들어갈 단어를 써 보세요.

1문단: 대화형 ( )의 등장
2문단: 개인 맞춤형 대화를 제공하는 ( )
3문단: 다양한 ( ) 활용 사례
4문단: 다양한 기능을 가진 ( )
5문단: AI와 인간관계의 ( )

자유롭게 생각해 봅시다

☞ 다양한 소셜봇이 사람들을 재미있게 해 주고 외로움을 덜어 줄 수 있다고 하는데, AI와의 대화가 인간관계를 대체할 수 있다고 생각하나요?

확장해서 읽어 봅시다

소셜봇은 사람과 대화할 수 있는 인공 지능(AI) 프로그램입니다. 이 로봇은 사람의 기분을 이해하고 소통할 수 있는 능력이 있어, 우리의 생활에 많은 도움을 줍니다.

예를 들어 '키로보'는 일본의 도요타에서 만든 졸음 방지용 로봇입니다. 이 로봇은 운전자가 졸릴 때 "잠깐 쉬어 가세요!"라고 말해 운전자의 안전을 지켜줍니다. '엘리큐'는 노인과 대화할 수 있도록 만든 로봇입니다. 이 로봇은 사용자의 감정을 파악하고 따뜻한 말을 건네며, 영상 통화와 소셜 미디어를 사용할 수 있게 도와줍니다. 엘리큐는 노인이 외롭지 않도록 도와주는 친구 같은 로봇입니다.

하지만 소셜봇에도 문제점이 있습니다. 첫째, 사용자의 대화를 통해 데이터를 저장하기 때문에 개인 정보가 새어 나갈 수 있습니다. 둘째, 인터넷에서 잘못된 말을 배운 소셜봇이 나쁜 발언을 할 수도 있습니다. 과거의 한 AI 챗봇은 잘못된 데이터를 학습해 인종 차별적 발언을 하기도 했습니다.

이런 문제를 해결하려면, 소셜봇이 나쁜 데이터를 배우지 않도록 잘 관리하고, 개인 정보를 안전하게 지키기 위한 기술과 규칙을 마련해 꾸준히 확인해야 합니다.

답

1문단: AI
2문단: 레플리카
3문단: AI 챗봇
4문단: AI
5문단: 한계

4 AI가 없앨 직업, AI와 함께 갈 직업

최근 10년 사이에 AI는 여러 분야에서 활약하며 사람들의 일을 도와주고 생활을 더 편리하게 만들어 주고 있다. 금융 분야에서는 챗봇이 고객의 질문에 답하고, 헬스케어 분야에서는 의료 영상을 분석해 맞춤형 치료를 제안하기도 한다.

하지만 AI가 발전하면서 일부 직업이 없어질 수 있다는 걱정도 커지고 있다. AI는 반복적인 일을 빠르고 정확하게 처리하기 때문에, 은행원이나 콜센터 상담원 같은 직업은 AI에 의해 대체될 가능성이 높다. 그렇다고 해서 모든 직업이 사라지는 것은 아니다. 예술가나 디자이너처럼 창의성과 감성이 중요하고, 복잡한 의사 결정이나 윤리적 판단, 사람과의 소통이 필요한 직업은 살아남을 것이다.

AI 발전으로 새로운 직업도 생겨난다. AI가 학습할 데이터를 만들고 관리하는 사람, AI 관련 콘텐츠를 제작하는 사람 등 AI와 함께 일하는 사람이 미래를 이끌게 될 것이다.

그렇다면 우리는 AI 시대를 어떻게 준비해야 할까? 첫째, 코딩이나 데이터 분석 등 AI를 활용하는 능력을 길러야 한다. 둘째, 창의력과 감성을 키워야 한다. 셋째, 새로운 것을 계속 배우는 습관이 필요하다. 우리는 AI와 경쟁하기보다 함께 일할 수 있는 방법을 고민해야 한다. 그러면 더 좋은 미래를 만들어 갈 수 있다.

차근차근 이해하기

☞ **알쓸어록**(알아 두면 쓸모 있는 어휘 기록)

제안: 안이나 의견으로 내놓음
대체: 다른 것으로 대신함

똑똑하게 분석하기

☞ 문단별로 요약한 내용을 확인하고, (　)안에 들어갈 단어를 써 보세요.

1문단: AI의 발전과 (　　　　)
2문단: AI로 인한 직업 (　　　　)
3문단:새로운 (　　　　)의 등장
4문단: AI 시대의 (　　　　) 방법

자유롭게 생각해 봅시다

☞ 주위에서 흔히 볼 수 있는 직업 가운데 AI로 대체될 가능성이 높은 직업과 그렇지 않은 직업은 무엇인지 생각해 보세요.

확장해서 읽어 봅시다

요즘 우리가 살고 있는 세상에는 인공 지능(AI)이 많이 사용되고 있습니다. AI는 반복적인 일을 빠르고 정확하게 처리할 수 있어 우리의 생활을 더 편리하게 만들어 줍니다. 하지만 AI는 감정이나 창의력을 가질 수 없습니다. 그래서 우리는 AI와 함께 일할 때 인간만의 능력이 필요합니다.

첫째, 창의성이 중요합니다. AI는 정보를 잘 분석하지만, 새로운 아이디어를 생각해 내는 일은 어렵습니다. 예술가가 그림을 그리거나 작가가 이야기를 쓰는 것처럼 창의적인 일은 사람이 해야 할 일입니다.

둘째, 감성 지능이 필요합니다. 감성 지능이란 다른 사람의 감정을 이해하고 공감하는 능력입니다. AI는 사람의 감정을 완전히 이해하기 어렵기 때문에, 상담사나 고객을 도와주는 일에는 감성 지능이 꼭 필요합니다.

셋째, 비판적 사고가 중요합니다. AI가 알려 주는 정보가 항상 맞는 것은 아니기 때문에, 우리는 정보를 잘 살펴보고 올바른 판단을 내리는 능력이 필요합니다.

넷째, 의사소통 능력도 필요합니다. 다른 사람과 명확하게 말하고 협력하는 능력은 팀으로 일할 때나 AI와 함께 일할 때에도 매우 중요합니다.

마지막으로 적응력이 필요합니다. AI와 기술은 계속 바뀌고 발전하기 때문에 우리는 새로운 것을 배우고 변화에 잘 적응할 수 있어야 합니다.

답

1문단: **편리함** 2문단: **변화**

3문단: **직업** 4문단: **준비**

5

생각만으로 휠체어를 움직일 수 있다고?

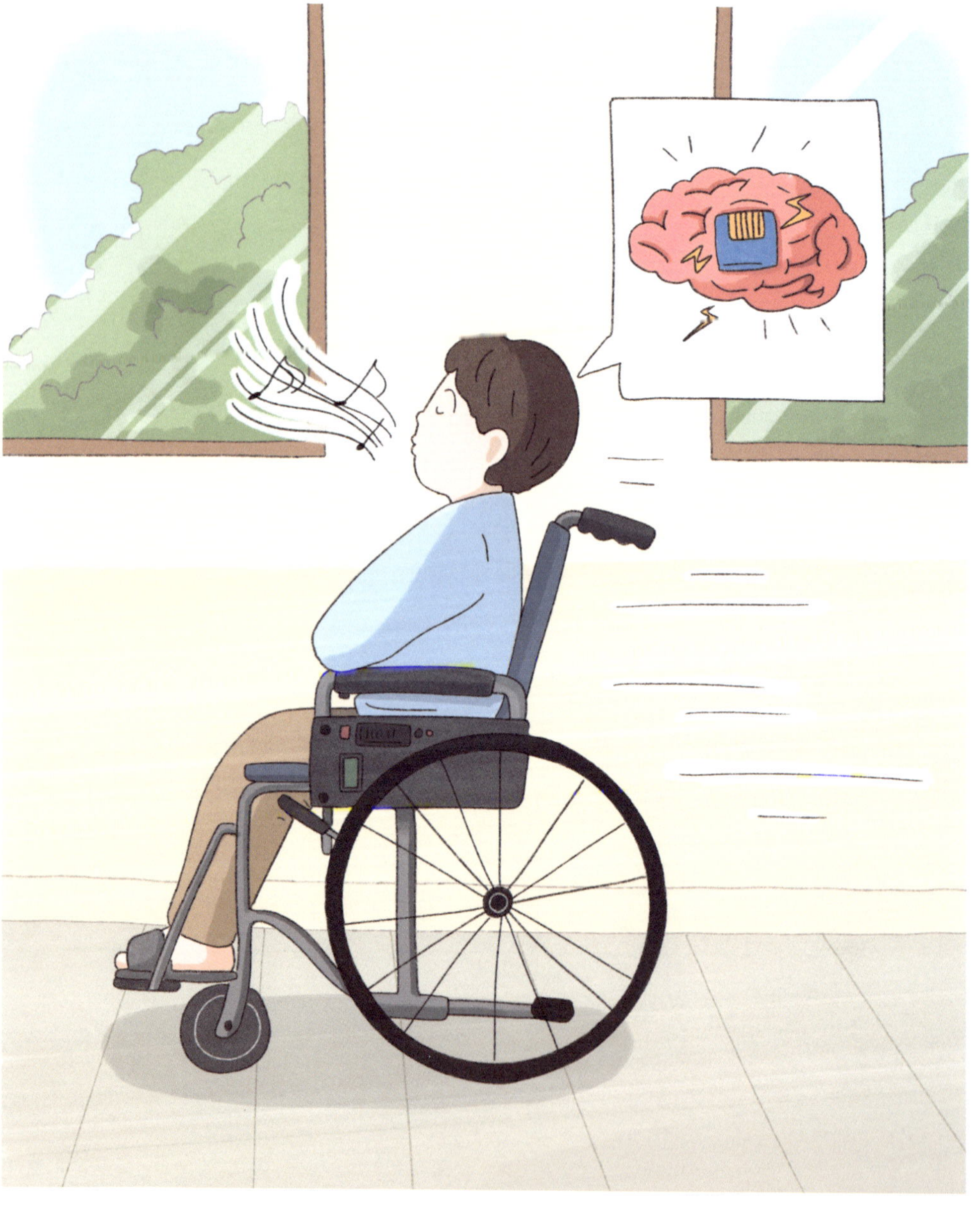

최근 뉴럴링크(Neuralink)라는 회사가 뇌에 심는 작은 컴퓨터 칩을 개발하고 있다. 이 회사는 사업가 일론 머스크가 만든 미국 회사이다.

이 기술은 뇌 속에 칩을 넣어 뇌의 신호를 읽고, 그것을 컴퓨터에 보내는 방식이다. 칩은 뇌의 신경 세포와 연결되어, 생각만으로 컴퓨터나 기계를 움직일 수 있게 해 준다. 예를 들어 손이나 발을 움직이지 못하는 장애인들이 생각만으로 휠체어를 움직이거나 컴퓨터를 사용할 수 있게 되는 것이다.

비슷한 기술로는 뇌-컴퓨터 인터페이스(BCI)가 있다. 이 기술도 뇌와 기기를 연결해, 사람이 생각만으로 로봇 팔이나 휠체어를 움직이게 도와준다. 이를 통해 움직이기 어려운 사람들도 더 독립적으로 생활할 수 있게 된다.

하지만 이런 기술에는 안전과 윤리 문제도 있다. 칩을 뇌에 넣을 때 감염이나 출혈이 생길 수 있고, 오래 써도 안전한지에 대한 정보가 아직 부족하다. 또 칩이 사람의 생각이나 감정을 기록할 수 있다는 점에서 개인 정보가 유출될까 봐 걱정하는 사람들도 있다. 뉴럴링크는 분명히 놀라운 기술이지만, 안전성과 윤리 문제를 잘 살피며 신중하게 발전시켜야 할 기술이기도 하다.

차근차근 이해하기

알쓸어록(알아 두면 쓸모 있는 어휘 기록)

독립적: 남에게 의존하거나 예속되지 아니한 것
유출: 밖으로 흘러 나가거나 흘려 내보냄
신중: 매우 조심스러움

똑똑하게 분석하기

문단별로 요약한 내용을 확인하고, (　)안에 들어갈 단어를 써 보세요.

1문단: (　　　　　)의 혁신적인 기술
2문단: 뇌에 넣는 (　　　　　)의 기능
3문단: 뉴럴링크 칩과 비슷한 기술 (　　　　　)
4문단: 뇌에 심는 칩의 안전과 (　　　　　) 문제

자유롭게 생각해 봅시다

뉴럴링크와 같은 기술이 모든 사람에게 필요하다고 생각하나요? 뉴럴링크의 뇌에 심는 칩에 대해 긍정적으로 생각하는지 부정적으로 생각하는지 자신의 의견을 표현해 보세요.

확장해서 읽어 봅시다

뉴럴링크는 뇌와 컴퓨터를 연결하는 새로운 기술입니다. 이 기술처럼 사람들의 삶을 편리하게 만들어 주는 기술들이 더 있습니다.

첫째, 브레인게이트(BrainGate)는 몸을 움직일 수 없는 사람을 돕는 기술입니다. 뇌의 신호를 읽어 컴퓨터를 생각으로 조작할 수 있어, 글자를 쓰거나 의사소통을 할 수 있습니다. 둘째, 모터 BCI(Motor Brain-Computer Interface)는 생각만으로 로봇 팔이나 휠체어를 움직일 수 있게 해 주는 기술입니다. 예를 들어 로봇 팔로 음료수를 마시는 것이 가능합니다. 셋째, EEG(뇌파검사) 기반 인터페이스는 뇌에서 나오는 전기 신호를 통해 사람이 집중하고 있는지, 긴장하고 있는지를 알아내는 기술입니다. 게임이나 공부할 때 유용하게 사용할 수 있습니다. 넷째, 광유전학(Optogenetics)은 빛으로 뇌 속의 특별한 세포를 자극하는 기술입니다. 이 기술은 주로 동물 실험에 사용되며, 뇌의 작동 방식을 이해하는 데 도움을 줍니다.

이처럼 뇌와 관련된 기술들은 특히 신체 장애가 있는 사람들에게 큰 도움이 될 수 있습니다. 하지만 이 기술들이 정말 안전한지에 대해서는 앞으로도 많은 연구와 검사가 필요합니다.

답

1문단: 뉴럴링크

2문단: 칩

3문단: BCI

4문단: 윤리

6

청정에너지의 미래, 수소 에너지

지구는 기후 변화로 인해 큰 위협을 받고 있다. 기후 변화란 지구의 온도가 올라가고, 계절에 맞지 않는 날씨가 자주 발생하는 현상이다. 많은 사람이 이 문제를 해결하기 위해 노력하고 있는데, 그중 하나가 바로 친환경 에너지인 수소 에너지이다.

수소는 자동차에 사용된다. 수소차는 수소를 연료로 사용해 전기를 만들어 달리며, 배기가스를 내보내지 않고 물만 배출한다. 이 때문에 수소차는 환경을 생각하는 교통수단으로 주목받고 있다. 또한 수소는 발전소에서도 전기 생산에 활용된다. 수소로 만든 전기는 집이나 공장에 보내져 사용된다. 철강 산업이나 비료 생산 같은 공업 분야에서도 수소는 중요한 역할을 한다. 화석 연료 대신 수소를 사용하면 에너지를 더 효율적으로 쓸 수 있다. 에너지를 저장하는 데도 수소는 유용하다. 태양광이나 바람처럼 재생 에너지로 만든 전기를 수소로 바꾸어 저장했다가, 필요할 때 다시 전기로 바꾸어 사용할 수 있기 때문이다. 수소는 우주 탐사에도 활용된다. 우주선을 날릴 때 수소와 산소를 연료로 사용하면 큰 추진력을 얻을 수 있다.

이처럼 수소 에너지는 여러 분야에서 널리 사용되고 있다. 앞으로 수소 에너지가 더 많이 활용된다면 깨끗하고 지속 가능한 미래를 만드는 데 큰 도움이 될 것이다.

차근차근 이해하기

알쓸어록(알아 두면 쓸모 있는 어휘 기록)

유용: 쓸모가 있음
탐사: 알려지지 않은 사물이나 사실 따위를 샅샅이 더듬어 조사함
추진력: 물체를 밀어 앞으로 내보내는 힘

똑똑하게 분석하기

분단별로 요약한 내용을 확인하고, (   )안에 들어갈 단어를 써 보세요.

1문단: (   ) 변화와 수소 에너지
2문단: 다양한 분야에서 쓰이는 (   )
3문단: 수소 에너지의 (   ) 가치

자유롭게 생각해 봅시다

수소차는 많은 장점도 있지만, 비용이 많이 들거나 충전소가 많지 않아 불편하다는 의견도 있어요. 여러분은 수소차가 앞으로 모든 자동차를 대신할 수 있을 것이라고 생각하나요?

확장해서 읽어 봅시다

우리는 매일 전기나 연료를 사용하며 살아갑니다. 이 에너지들은 보통 석유나 석탄처럼 땅속에서 나오는 화석 연료로 만들어집니다. 하지만 화석 연료는 점점 줄어들고, 사용하면 지구를 더럽히는 오염 물질이 나옵니다. 그래서 사람들은 깨끗하고 다시 쓸 수 있는 에너지, 즉 대체 에너지를 찾고 있습니다.

태양광 에너지는 태양에서 나오는 빛을 전기로 바꾸는 에너지입니다. 태양광 판넬을 지붕이나 땅에 설치하면 햇빛으로 전기를 만들 수 있습니다. 햇빛은 비용이 들지 않고 언제나 쓸 수 있어 아주 좋은 에너지입니다.

풍력 에너지는 바람의 힘으로 전기를 만드는 에너지입니다. 바람개비처럼 생긴 풍력 터빈이 바람에 따라 돌아가면 전기가 만들어집니다. 바람이 잘 부는 바닷가나 산 꼭대기에서 많이 사용됩니다.

지열 에너지는 지구 땅속의 열을 이용하는 에너지입니다. 뜨거운 열을 끌어올려 난방이나 전기 생산에 사용할 수 있습니다. 날씨와 상관없이 쓸 수 있는 장점이 있습니다.

대체 에너지는 지구를 오염시키지 않고 다시 쓸 수 있어 미래에 꼭 필요합니다. 수소, 태양광, 풍력, 지열 같은 에너지를 함께 사용하면 더 깨끗하고 안전한 세상을 만들 수 있습니다.

답

1문단: **기후**　　2문단: **수소**

3문단: **미래**

7 자율 주행차의 가장 치명적인 결함, 트롤리 딜레마

자율 주행차는 사람이 운전하지 않아도 스스로 움직이는 자동차이다. 이 자동차는 인공 지능(AI), 센서, 카메라 같은 기술을 사용해 **주행**한다. 자율 주행차가 많아지면 우리의 이동이 더 편리하고 안전해질 것으로 기대되고 있지만 자율 주행차가 위험한 상황에 처했을 때, 어떤 행동을 해야 할지 결정하는 일이 쉽지 않다. 이때 나오는 문제가 바로 '트롤리 **딜레마**'이다.

트롤리 딜레마는 제동 장치가 망가진 기차가 선로 위를 달리고 있을 때 정해진 선로 위 5명과 방향을 바꾸면 달리게 될 선로 위 1명 중 누구를 피해 가야 할지 선택을 해야 하는 상황을 말하는데, 자율 주행차도 이와 비슷한 상황을 겪을 수 있다. 이 문제는 단순히 숫자가 아니라 사람의 생명과 윤리적인 가치가 걸려 있기 때문에 결정하기가 매우 어렵다.

이 문제를 해결하려면 먼저 **정교한** 센서와 인공 지능 기술을 발전시켜 위험한 상황을 줄이는 방법을 찾아야 한다. 또한 어떤 선택을 해야 하는지에 대해 시민, 전문가 함께 기준을 정해야 한다. 자율 주행차의 문제는 단순한 기술의 문제가 아니라 우리가 어떤 생명과 가치를 중요하게 생각하느냐와도 관련이 있다. 그래서 모두가 함께 고민하고 의견을 나누며 더 나은 해결책을 찾아야 한다.

차근차근 이해하기

알쓸어록(알아 두면 쓸모 있는 어휘 기록)

주행: 주로 동력으로 움직이는 자동차나 열차 따위가 달림
딜레마: 선택해야 할 길은 두 가지 중 하나로 정해져 있는데, 그 어느 쪽을 선택해도 바람직하지 못한 결과가 나오게 되는 곤란한 상황
정교한: 솜씨나 기술이 정밀하고 교묘한

똑똑하게 분석하기

문단별로 요약한 내용을 확인하고, ( )안에 들어갈 단어를 써 보세요.

1문단: 자율 주행차의 ( )과 기대
2문단: ( ) 딜레마의 의미
3문단: 자율 주행차의 ( ) 문제 해결을 위한 방법

자유롭게 생각해 봅시다

자율 주행차가 주행의 결정을 내리기 위해서는 철학적 기준과 윤리가 필요해요. 여러분은 '모든 생명은 동등하게 대해야 한다.'라는 기준이 더 옳다고 생각하나요, 아니면 '더 많은 사람을 구하는 것이 중요하다.'라고 생각하나요?

확장해서 읽어 봅시다

트롤리 딜레마는 우리가 누군가를 도와야 할 때 어려운 결정을 해야 하는 상황을 설명하는 이야기입니다. 자율 주행차처럼 기계가 선택하는 문제뿐 아니라, 병원이나 전쟁처럼 실제 생활에서도 자주 나타납니다.

예를 들어 의사는 응급실에서 환자가 많을 때, 누구를 먼저 치료할지 결정해야 합니다. 또 전쟁 중에는 많은 사람을 살리기 위해 소수의 병사를 희생해야 할 때도 있습니다. 예를 들어 제2차 세계 대전 때 히로시마와 나가사키에 원자 폭탄을 떨어뜨리기로 한 결정이 있습니다. 이 결정은 전쟁을 끝내고 더 많은 사람을 구하려는 목적이 있었지만, 지금까지도 논란이 많은 선택입니다.

이런 상황에서 사람들은 서로 다른 윤리적 관점을 가질 수 있습니다. 공리주의는 더 많은 사람을 구하는 것이 옳다고 생각합니다. 의무론은 누구도 일부러 희생시켜서는 안 된다고 말합니다. 또 어떤 사람은 정해진 규칙에 따라야 한다고 하고, 아무것도 하지 않는 것이 옳다고 생각하는 사람도 있습니다. 이처럼 트롤리 딜레마는 정답이 없는 어려운 문제입니다. 그래서 다양한 관점을 생각하며 해결 방법을 찾는 것이 중요합니다.

답

1문단: **기술** 2문단: **트롤리**
3문단: **윤리적**

8 민간 우주 개발 시대와 우주 쓰레기

요즘은 정부뿐만 아니라 민간 기업도 우주 개발에 뛰어들고 있다. 스페이스X 같은 회사는 로켓을 우주로 보내고 다시 되돌아오게 하는 기술도 성공했다. 하지만 우주 개발이 활발해지면서 '우주 쓰레기' 문제가 커지고 있다.

우주 쓰레기는 고장 난 인공위성, 버려진 로켓 조각, 충돌로 생긴 **파편** 등을 말한다. 이는 지구 궤도를 엄청난 속도로 돌고 있어, 다른 위성이나 우주선과 충돌할 위험이 크다. 큰 충돌이 생기면 통신, 기상 관측, 내비게이션 같은 서비스도 멈출 수 있다. 또한 지구로 떨어지는 우주 쓰레기 중 작고 가벼운 쓰레기는 대기에서 타버리지만, 크고 무거운 쓰레기는 **지표면**까지 떨어질 수 있다. 실제로 2023년에는 케냐에 500kg짜리 우주 쓰레기가 떨어진 일이 있었다.

이 문제를 해결하기 위해 세계 여러 나라가 다양한 방법을 연구하고 있다. 쓰레기를 모으는 위성이나 그물, 로봇 팔을 만들고 있고, 레이저로 방향을 바꾸는 방법도 실험 중이다. 또 위성이 **임무**를 마친 뒤 스스로 대기권으로 들어와 사라지게 하는 기술도 개발 중이다. 우주 쓰레기는 우주의 안전과 미래를 위해 꼭 해결해야 하는 문제이다. 세계 여러 나라가 함께 협력해 깨끗한 우주를 만들기 위한 노력이 필요하다.

차근차근 이해하기

☞ **알쓸어록**(알아 두면 쓸모 있는 어휘 기록)

파편: 깨어지거나 부서진 조각
지표면: 지구의 표면
임무: 맡은 일

똑똑하게 분석하기

☞ 문단별로 요약한 내용을 확인하고, (　)인에 들어갈 단어를 써 보세요.

1문단: 민간 기업의 (　　　　　) 개발
2문단: (　　　　　)가 일으키는 문제
3문단: 우주 쓰레기 문제를 (　　　　　)하기 위한 세계 여러 나라의 노력

자유롭게 생각해 봅시다

☞ 민간 기업들이 우주 산업에 참여하는 것은 기술 발전에 도움이 될 수 있지만 우주 쓰레기를 만들어 내 우주 환경을 오염시키고 있어요. 여러분은 민간 기업이 우주 개발에 참여하는 것에 동의하나요? 아니면 예전처럼 정부 주도의 개발이 이루어져야 한다고 생각하나요?

확장해서 읽어 봅시다

요즘 우주로 인공위성을 많이 보내면서 우주 쓰레기가 늘어나고 있습니다. 이 쓰레기들은 다른 위성이나 우주선과 부딪칠 위험이 크고, 지구로 떨어질 수도 있어 문제입니다. 그래서 여러 나라와 기업들이 우주 쓰레기를 줄이는 기술을 개발하고 있습니다.

일본의 교토대학교는 나무로 만든 인공위성 '리그노샛'을 만들었습니다. 나무는 대기권에 들어올 때 미세 먼지를 만들지 않기 때문에 지구 환경에 덜 해롭습니다. 이 위성은 2024년 11월에 발사에 성공하였습니다. 임무를 마친 위성이 스스로 궤도를 벗어나도록 작은 엔진을 붙이는 기술도 있습니다. 이 엔진은 빠르게 가스를 내보내며 방향을 바꿉니다. 또한 우주 쓰레기를 직접 포획하는 기술도 개발 중입니다. 시유에어로스페이스는 로봇 팔이나 가방처럼 생긴 장치로 쓰레기를 모으고, 아스트로스케일은 자성을 이용해 쓰레기를 끌어오는 방법을 실험하고 있습니다.

우리나라 한국도 우주 쓰레기를 모으는 위성을 개발하고 있으며, 2027년까지 시험할 예정입니다. 이처럼 다양한 기술들이 우주 쓰레기를 줄이기 위해 개발되고 있으며, 이러한 노력들은 지속 가능한 우주 환경을 조성하는 데 중요한 역할을 할 것입니다.

답

1문단: 우주

2문단: 우주 쓰레기

3문단: 해결

4장

문화

1

한강 작가, 아시아 여성 최초 노벨 문학상 수상하다

한국의 작가 한강은 2024년 노벨문학상을 받은 최초의 아시아 여성 작가이다. 노벨문학상은 스웨덴의 과학자 알프레드 노벨이 만든 상으로, 세계에서 가장 권위 있는 문학상 중 하나이다. 1901년부터 매년 인류에게 좋은 영향을 준 작가에게 수여되고 있다.

한강 작가는 1993년 《문학과사회》에 시 〈서울의 겨울〉 등을 실으며 시인으로 등단, 1994년 서울신문 신춘문예에 단편 소설 〈붉은 닻〉이 당선되면서 소설가로 등단하였고, 2016년, 《채식주의자》로 맨부커 인터내셔널상을 받으며 세계적으로 이름을 알리게 되었다. 이후 《소년이 온다》, 《흰》, 《작별하지 않는다》 등 다양한 작품으로 여러 나라에서 문학상을 받은 바 있다. 대표작 《채식주의자》는 한 여성이 채식주의자가 되면서 겪는 갈등과 주변의 반응을 통해 인간의 마음과 사회의 모습을 깊이 있게 다룬 작품이다. 그 외에도 《소년이 온다》는 광주 민주화 운동을, 《흰》은 삶과 죽음을, 《작별하지 않는다》는 전쟁의 아픔과 희망을 주제로 하고 있다.

스웨덴 한림원은 "역사의 트라우마에 맞서는 동시에 인간 생의 연약함을 드러내는 시적인 산문"이라며 선정 이유를 밝혔다. 이번 수상은 한국 문학의 수준을 세계에 알린 중요한 계기가 되었으며, 앞으로 한국 작가들의 활동에 긍정적인 영향을 줄 것이다.

차근차근 이해하기

☞ **알쓸어록**(알아 두면 쓸모 있는 어휘 기록)

수여: 증서, 상장, 훈장 따위를 줌
등단: 문단(文壇 - 문인들의 사회)에 처음으로 등장하는 것
선정: 여럿 가운데서 어떤 것을 뽑아 정함

똑똑하게 분석하기

☞ 문단별로 요약한 내용을 확인하고, ( )안에 들어갈 단어를 써 보세요.

1문단: 한강 작가의 (   ) 수상
2문단: 한강 작가의 (   )과 대표작
3문단: 한강 작가의 노벨문학상 (   )의 의미와 한국 문학계에 끼치는 영향

자유롭게 생각해 봅시다

☞ 한강 작가의 수상이 한국 문학을 세계에 알리는 계기가 될 것이라는 의견이 있어요. 여러분은 이번 수상을 통해 한국 문학이 어떻게 발전할 수 있을 것이라고 생각하나요?

확장해서 읽어 봅시다

노벨문학상은 스웨덴에서 주는 세계적인 문학상입니다. 이 상은 알프레드 노벨이라는 과학자의 유언으로 시작되었습니다. 노벨은 다이너마이트 발명으로 유명하지만, 교육과 문화를 아주 중요하게 여긴 사람이었습니다. 그는 자신의 돈으로 인류에 도움이 되는 사람들에게 상을 주기를 바랐습니다. 그래서 문학, 물리학, 화학, 의학, 경제학, 평화 분야로 나누어 매년 상을 주게 되었습니다.

노벨문학상을 수상한 작가에게는 약 14억 원의 상금이 주어지며, 세금을 내지 않아도 됩니다. 이 상은 한 작품이 아니라 작가의 전체 활동과 글에 주는 상입니다.

노벨문학상 외에도 부커상과 퓰리처상 같은 유명한 문학상도 있습니다. 노벨문학상은 작가의 전체 활동과 깊은 생각과 감동을 주는 글을 중요하게 생각하지만 부커상은 해마다 영국과 아일랜드 작가가 쓴 좋은 작품에 주는 상이고 퓰리처상은 미국 작가의 문학과 신문 기사 같은 글에 주는 상입니다.

2024년, 한강 작가의 노벨상 수상은 한국 문학이 세계에서 인정받고 있다는 큰 증거라고 볼 수 있습니다.

답

1문단: 노벨문학상 2문단: 등단

3문단: 수상

2

공연 하나 보는데 얼굴 인식까지? 얼굴 패스와 정보 유출 문제

요즘 공연장에서는 티켓을 보여주는 대신 얼굴을 인식해서 입장하는 시스템이 생기고 있다. 이를 '얼굴 패스'라고 부르며, 한 번 얼굴을 등록하면 다음 공연에서도 긴 줄을 서지 않고 빠르고 쉽게 입장할 수 있다. 하지만 이러한 기술은 여러 가지 문제를 일으킬 수 있어 **대책**이 필요하다는 지적이 있다.

첫째, 개인 정보 **유출** 위험이 있다. 얼굴 정보는 우리 몸의 중요한 정보로, 한 번 유출되면 다시 바꿀 수도 없고 딥페이크 범죄처럼 악용될 수 있다. 둘째, 기계가 제대로 작동하지 않는 경우도 있다. 얼굴 인식이 잘되지 않아 정상적으로 티켓을 구매한 관람객이 입장을 거부당한 사례가 있었다. 셋째, 모두가 얼굴 정보를 등록하고 싶어하지는 않는다는 점이다. 어떤 사람들은 개인 정보가 기록되는 것을 불편하게 느낄 수 있다. 따라서 관람객들이 편안하게 공연을 즐기기 위해서는 자신이 원하는 방식으로 입장할 수 있는 선택권이 보장되어야 한다.

얼굴 패스는 혁신적인 시스템이지만, 개인 정보 유출, 기술의 오작동, 선택권 부족 등 여러 문제점이 존재한다. 사람들의 개인 정보와 사생활을 지키기 위해서는 꼭 필요한 경우에만 개인 정보를 수집하고, 이를 적절하게 관리하는 것이 중요하다.

차근차근 이해하기

☞ **알쓸어록**(알아 두면 쓸모 있는 어휘 기록)

대책: 어떤 일에 대처할 계획이나 수단
유출: 귀중한 물품이나 정보가 불법적으로 밖으로 흘러 나가 버림

똑똑하게 분석하기

☞ 문단별로 요약한 내용을 확인하고, (　)안에 들어갈 단어를 써 보세요.

1문단: (　　　　) 시스템 도입과 장점
2문단: (　　　　) 유출과 기술, 선택권 문제
3문단: 얼굴 패스의 적용 및 (　　　　) 방법

자유롭게 생각해 봅시다

☞ 여러분이 공연장에 입장하기 위해 얼굴 인식 시스템을 사용해야 한다면, 여러분은 얼굴 인식을 선택할 건가요? 아니면 수동으로 티켓을 확인하는 방식을 더 선호하나요? 자유롭게 생각해 보세요.

확장해서 읽어 봅시다

얼굴 인식 기술은 여러 나라에서 신분 확인과 편리함을 높이기 위해 다양하게 사용되고 있습니다.

미국 공항에서는 얼굴 인식 시스템을 사용하고 있습니다. 비행기를 탈 때 신분증을 꺼내지 않아도 얼굴을 보여 주면 확인이 끝납니다. 하지만 개인 정보가 걱정되는 사람은 직원에게 신분증 검사를 요청할 수 있습니다.

중국에서는 휴대전화 개통 시에 얼굴 정보 등록을 의무화하였고, 얼굴 인식 결제가 가능하여 편리하게 쇼핑하고 있습니다. 일부 지역에서는 지하철 요금도 얼굴 인식 결제 시스템을 사용하고 있습니다.

러시아 모스크바의 지하철에서는 '페이스 페이'라는 시스템이 있습니다. 앱에 사진과 카드 정보를 입력해 두면, 얼굴만 보여줘도 교통비가 결제됩니다. 하지만 2022년에 러시아 정부가 페이스 페이 시스템을 이용해 징집 대상자를 추적한 사례가 보도되면서, 얼굴 인식 기술이 감시 도구로 악용될 가능성에 대한 걱정이 커지고 있습니다.

얼굴 인식 기술은 우리 생활을 편리하게 해 주지만 다양한 문제점도 가지고 있습니다. 사람들의 개인 정보를 안전하게 지키는 법과 제도가 꼭 필요합니다.

답

1문단: **얼굴 패스** 2문단: **개인 정보**

3문단: **관리**

3

AI 시대의 아이돌, 이세계아이돌과 플레이브

요즘 버추얼 아이돌이 큰 인기를 끌고 있다. 버추얼 아이돌은 실제 사람이 아닌 컴퓨터 그래픽으로 만든 캐릭터이다. 3D 애니메이션과 인공 지능 기술을 사용해 사람처럼 노래하고 춤추며 팬들과 소통한다. 대표적으로 이세계아이돌과 플레이브가 있다.

이세계아이돌은 2021년에 데뷔한 6명의 걸그룹이다. 메타버스라는 가상 공간에서 활동하며 지금까지도 많은 인기를 얻고 있다. 플레이브는 2023년에 데뷔한 보이그룹이다. 1990년대 사이버 가수처럼 무대에서 춤추고 노래하지만, 특수 장비를 착용한 사람이 움직이면 캐릭터도 따라 움직인다는 점이 흥미롭다.

버추얼 아이돌의 매력은 많다. 팬들과 소셜 미디어로 소통하며 온라인으로 활동하기 때문에 언제 어디서나 볼 수 있다.

하지만 주의할 점도 있다. 첫째, 너무 몰입하면 현실과의 괴리감이 생겨 실제 사람과의 관계를 소홀히 할 수 있다. 둘째, 버추얼 아이돌은 기업의 상업적 요소와 밀접하게 관련되어 있어 굿즈나 상품을 사느라 과도한 소비를 할 수 있다. 셋째, 가상 인물을 지나치게 좋아하다 보면 정체성 혼란이 생길 수 있다. 현실과의 균형을 잘 지키며 즐기는 것이 중요하다.

차근차근 이해하기

☞ 알쓸어록(알아 두면 쓸모 있는 어휘 기록)

몰입: 깊이 파고들거나 빠짐
괴리감: 서로 어그러져 동떨어져 있는 느낌
밀접: 아주 가깝게 맞닿아 있거나 그런 관계에 있는 것
과도한: 정도에 지나친

똑똑하게 분석하기

☞ 문단별로 요약한 내용을 확인하고, (　)안에 들어갈 단어를 써 보세요.

1문단: (　　　　)의 정의
2문단: (　　　　)과 플레이브
3문단: 버추얼 아이돌의 (　　　　)
4문단: 버추얼 아이돌의 (　　　　)

자유롭게 생각해 봅시다

☞ 버추얼 아이돌이 노래하고 춤추는 모습을 본 적이 있나요? 어떤 감정이 드나요? 버추얼 아이돌이 많은 사랑을 받는 이유는 무엇이라고 생각하나요?

확장해서 읽어 봅시다

요즘 버추얼 아이돌이 큰 인기를 얻고 있습니다. 버추얼 아이돌은 실제 사람이 아닌 컴퓨터 그래픽으로 만든 캐릭터입니다. 3D 애니메이션과 인공지능 기술을 이용해 노래하고 춤추며 팬들과 소통합니다.

특히 이세계아이돌은 큰 화제가 되었습니다. 2023년에 웹툰 펀딩으로 4만 명이 넘는 사람들이 모여 42억 원을 모았습니다. 이는 국내 크라우드 펀딩에서 가장 많은 금액을 모은 사례입니다. 또 굿즈 펀딩에서는 88억 원이 넘는 돈이 모아 서브 컬처 시장의 힘을 다시 한번 보여 주었습니다. 팬들은 "후원 성공! 이세돌 응원합니다." 등 다양한 댓글을 통해 유대감을 표현했으며, 이는 물질적인 소장 욕구를 넘어서 진심으로 그들을 응원하고 있음을 보여 줍니다. 한 조사 결과에 따르면 2020년 전 세계 버추얼 휴먼 시장 규모는 약 100억 달러였는데 2030년에는 5,300억 달러에 이를 것으로 예상됩니다.

버추얼 아이돌은 단순한 캐릭터가 아니라 경제적으로 중요한 가치를 지닌 존재라고 볼 수 있습니다. 이들은 새로운 문화 현상을 만들어 내며, 경제와 사회에 긍정적인 영향을 미칠 것입니다. 앞으로도 버추얼 아이돌의 영향력과 경제적 가치는 더욱 커질 것으로 기대됩니다.

답

1문단: **버추얼 아이돌**

2문단: **이세계아이돌**

3문단: **매력**

4문단: **문제점**

4

짧고 신나는 숏폼 영상, 하지만 집중력은?

요즘 우리는 틱톡, 유튜브 쇼츠, 인스타그램 릴스 같은 짧은 영상을 자주 보고 있다. 이런 영상은 짧은 시간에 재미있는 내용을 전달해 많은 사람이 쉽게 즐긴다. 하지만 이런 영상을 너무 많이 보면 강한 자극 때문에 우리 뇌에서 행복 호르몬인 **도파민**이 과도하게 나오게 되고, 사람들은 점점 더 강한 자극만 찾게 된다. 이런 모습을 '도파밍'이라고 한다. 도파밍은 도파민과 파밍(farming)을 합친 말로, 더 큰 즐거움만을 계속 찾는 행동을 뜻한다.

이런 습관이 계속되면 팝콘 브레인이 될 수 있다. 팝콘 브레인은 강한 자극에만 반응하고, 일상이나 공부에 집중하지 못하는 상태를 말한다. 이렇게 되면 불안, 스트레스를 느끼거나 친구 관계가 나빠질 수도 있다. 특히 숏폼 콘텐츠는 접근이 쉽고 내용도 간단해서 사람들이 빠르게 소비하는데, 이것은 우리의 집중력과 주의력이 떨어뜨리고 깊이 있는 학습도 어렵게 만들 수 있다.

이런 문제를 해결하려면 디지털 디톡스가 필요하다. 디지털 디톡스는 스마트폰을 적게 쓰고 운동, 그림 그리기, 음악 듣기 같은 취미를 즐기는 것이다. 또 명상이나 심호흡을 하면서 마음을 편하게 하는 것도 좋다. 이것은 우리의 정신 건강과 집중력을 회복하는 데 큰 도움이 될 것이다.

차근차근 이해하기

알쓸어록(알아 두면 쓸모 있는 어휘 기록)

도파민: 신경 세포의 흥분 전달 기능을 하는 유기 화합물

똑똑하게 분석하기

문단별로 요약한 내용을 확인하고, (　　)안에 들어갈 단어를 써 보세요.

1문단: 짧은 영상의 (　　　　　) 위험

2문단: 도파민 중독이 만들어 내는 (　　　　　) 현상

3문단: 디지털 (　　　　　)의 필요성

자유롭게 생각해 봅시다

디지털 디톡스를 해 보기 위해 나만의 디지털 디톡스 계획표를 만들어 보세요. 계획표에는 스마트폰 사용 시간을 줄이기 위한 다양한 활동을 포함하고, 각 활동에 대해 다짐을 구체적으로 적어 보세요.

확장해서 읽어 봅시다

영국 옥스포드대 출판부는 2024년 올해의 단어로 '뇌 썩음(Brain rot)'을 뽑았습니다. 뇌 썩음은 사람들이 짧고 자극적인 영상을 너무 많이 보면서 생각하는 힘과 집중력이 떨어지는 것을 말합니다. 놀랍게도 2023년에 비해 2024년에는 이 단어의 사용이 230%나 늘어났습니다.

이 단어는 1854년 《월든》에서 처음 사용되었습니다. 그는 당시 영국 사람들이 복잡한 생각을 피하고 간단한 것만 생각하고 있다고 비판하며 이 단어를 사용했습니다.

뇌 썩음은 집중력과 기억력을 나쁘게 만들고, 공부를 힘들게 할 수 있습니다. 또 우울이나 불안 같은 마음의 문제를 일으키고, 친구들과의 관계도 나빠질 수 있습니다. 이런 일이 생기는 이유는 스마트폰을 많이 사용하고, 짧은 콘텐츠만 즐기기 때문입니다. 또 알고리즘이 비슷한 정보만 보여 줘서 다양한 생각을 할 기회를 잃게 됩니다.

이 문제를 해결하려면 스마트폰 사용을 줄이고, 책 읽기, 운동 같은 건강한 활동을 해야 합니다. 이렇게 하면 자극 중독과 뇌 썩음에서 벗어날 수 있습니다.

답

1문단: 도파밍

2문단: 팝콘 브레인

3문단: 디톡스

5 점 하나 찍었는데 35억 원? 현대 미술에 대한 오해들

현대 미술은 많은 사람이 보기에는 이상하고 어려운 것처럼 보인다. 2019년 아트 바젤이라는 큰 미술 행사에서는 바나나 하나를 테이프로 벽에 붙인 〈코미디언(Comedian)〉이라는 작품이 전시되었다. 이 바나나는 약 12만 달러에 낙찰되었다. 이처럼 현대 예술가들의 작품 가치는 일반 사람들이 쉽게 판단하기 어려운 경우가 많다.

사실 현대 미술은 외형보다 담긴 의미가 더 중요하다. 마르셀 뒤샹의 작품 〈샘(Fountain)〉은 예술을 새롭게 생각하게 만든 작품이다. 1917년에 만든 이 작품은 그저 평범한 소변기였는데, 출품되었을 당시 미술계는 예술의 정의를 깨뜨리는 도전적인 시도에 충격에 빠졌다. 과거에는 아름다움이 중요한 평가 기준이었지만 지금은 작품이 던지는 질문이나 작가가 전하려는 메시지가 더 중요하다.

때때로 현대 미술가들은 아무것도 안 하고 돈만 벌어간다는 부정적인 시선을 받기로 한다. 상식을 거스르거나 이해하기 어려운 작품이 많기 때문이다. 예를 들어 잭슨 폴록의 작품은 물감을 흩뿌린 것처럼 보여 누구나 할 수 있을 것 같다고 말한다. 하지만 현대 미술을 이해하기 위해서는 작품의 외형에만 집중하기보다는 작품이 던지는 질문과 메시지를 파악하는 것이 중요하다. 열린 마음으로 바라보면 그 안에 숨겨진 가치와 의미를 발견할 수 있다.

차근차근 이해하기

☞ **알쓸어록**(알아 두면 쓸모 있는 어휘 기록)

낙찰: 경매에서 물건이 어떤 사람에게 돌아가도록 결정하는 일
출품: 전람회, 전시회, 품평회 따위에 작품이나 물품을 내어놓음
흩뿌린: 마구 흩어지게 뿌리는

똑똑하게 분석하기

☞ 문단별로 요약한 내용을 확인하고, (　　)안에 들어갈 단어를 써 보세요.

1문단: 쉽게 알기 어려운 (　　　　　) 가치
2문단: 뒤샹의 작품 〈샘〉이 현대 미술의 (　　　　　)에 미친 영향
3문단: 현대 미술에 대한 (　　　　　) 인식과 오해

자유롭게 생각해 봅시다

☞ 현대 미술은 작품의 외형보다 작가가 던지는 질문과 메시지가 중요하다고 해요. 여러분은 어떤 것이 더 중요하다고 생각하나요? 앞으로 현대 미술은 지금과 같은 방향으로 나아가야 한다고 생각하나요?

확장해서 읽어 봅시다

미술 작품 중에는 놀라운 가격에 팔리는 것들이 많습니다. 그중에서도 가장 비싸게 팔린 작품은 레오나르도 다 빈치가 그린 〈살바토르 문디〉입니다. 이 작품은 2017년 미국 경매에서 6,400억 원에 팔렸습니다.

〈살바토르 문디〉는 '세상을 구원하는 이'라는 뜻을 가지고 있습니다. 이 그림에는 푸른 옷을 입은 예수님이 정면을 바라보며 한 손으로 수정구를 들고, 다른 손으로는 축복의 손짓을 하고 있습니다. 레오나르도 다 빈치의 그림은 세계에 20점 정도밖에 남아 있지 않아 희귀합니다.

한국에서 가장 비싸게 팔린 작품은 김환기 화백의 〈우주〉입니다. 이 작품은 2019년 홍콩 경매에서 132억 원에 팔렸습니다. 김환기 화백은 점을 이용한 그림을 그리며 유명해졌습니다. 〈우주〉는 점과 원으로 소용돌이 모양을 만든 특별한 작품으로, 김환기 화백이 일기에 제작 과정을 기록한 유일한 작품이기도 해서 더욱 특별합니다.

작품의 가치는 단순한 외형이나 기술적 완성도뿐만 아니라, 작품이 담고 있는 이야기와 감정에 따라 결정되기 때문에 가격을 쉽게 따질 수는 없습니다. 다양한 작품들이 각기 다른 가치와 의미를 가지고 있다는 것을 기억한다면 미술 작품을 좀 더 친근하게 바라볼 수 있을 것입니다.

답

1문단: **현대 미술** 2문단: **관점**

3문단: **부정적인**

6

팬덤 문화의 빛과 그림자

팬덤(fandom)이라는 단어는 ‘팬(fan)’과 접미사 ‘-dom’이 합쳐진 것으로 1903년경에 처음 사용되었다. 여기서 ‘팬’은 ‘열렬한 지지자’라는 의미를 가지고 있고, ‘-dom’은 상태나 집단을 나타낸다. 원래 팬덤은 스포츠 팬들이 특정 팀이나 선수를 응원하며 모여 소통하는 데서 시작되었고, 이후 음악, 영화, TV 프로그램 등 다양한 분야로 확장되었다. 오늘날 팬덤은 특정 관심사나 취미를 중심으로 형성된 커뮤니티를 의미하며, 팬들은 서로의 관심사를 공유하고 소통하며 우정을 쌓는다.

케이팝이 전 세계적으로 인기를 끌 수 있었던 이유 중 하나가 바로 팬덤 문화 덕분이다. 세계적으로 케이팝을 알리는 것뿐 아니라 삶의 활력을 갖게 하고 정서적인 안정감을 주기도 한다.

하지만 팬덤 문화에는 단점도 있다. 일부 팬들은 너무 몰입해 일상을 소홀히 하기도 한다. 또한 팬들끼리 의견 차이로 갈등이 생길 수 있다. 팬들이 굿즈나 티켓을 사느라 많은 돈을 쓰는 부담도 있다. 가끔은 다른 사람을 배제하거나 비난해 건강한 소통을 방해하기도 한다. 팬덤 문화는 긍정적인 경험을 제공할 수 있지만, 그 안에서 균형과 존중이 필요하다. 서로를 이해하고 존중하는 태도가 건강한 팬덤 문화를 만들 수 있다.

차근차근 이해하기

☞ **알쓸어록**(알아 두면 쓸모 있는 어휘 기록)

공유: 정보나 의견, 감정 등을 나눔
몰입: 깊이 파고들거나 빠짐
소홀: 대수롭지 아니하고 예사로움
배제: 받아들이지 아니하고 물리쳐 제외함

똑똑하게 분석하기

☞ 문단별로 요약한 내용을 확인하고, ( )안에 들어갈 단어를 써 보세요.

1문단: ( )의 어원과 발전
2문단: 팬덤 문화가 주는 ( ) 영향력
3문단: 팬덤 문화의 ( )

자유롭게 생각해 봅시다

☞ 팬덤 문화는 사람들에게 즐거움을 주지만 때로는 갈등을 일으키기도 해요. 여러분은 팬덤 문화가 사람들에게 긍정적인 영향을 미친다고 생각하나요? 자신의 생각을 이야기해 보세요.

확장해서 읽어 봅시다

케이팝 팬덤 시장이 요즘 빠르게 성장하고 있습니다. 팬들은 아티스트를 응원할 뿐 아니라, 팬더스트리라는 새로운 산업도 만들어 가고 있습니다. 팬더스트리는 팬과 아티스트, 그리고 관련된 여러 가지 사업이 함께 움직이는 큰 경제 활동을 말합니다. 기술의 발전으로 팬들은 아티스트와 더 가깝게 소통할 수 있게 되었습니다.

예전에는 음반이나 굿즈를 사는 것이 전부였지만, 이제는 연예인이 쓰던 물건을 소개하고, 연예인이 방문했던 장소를 관광지로 만들어 여행 사업을 펼치는 등 다양한 서비스가 생겨나고 있습니다. 이런 변화는 지역 경제에도 도움이 되고 있습니다.

또한 기획사들은 팬 커뮤니티 서비스 플랫폼을 통해 팬들과 더 가까이 소통하고 있습니다. 팬들은 아티스트에게 메시지를 받거나 채팅을 하며 즐거운 시간을 보낼 수 있습니다. 또한 라이브 방송이나 특별한 콘텐츠를 구독해서 더 많은 활동에 참여할 수 있습니다.

이처럼 팬과 아티스트가 함께 소통하며 만드는 팬덤 시장은 앞으로도 계속 성장할 것입니다. 팬덤은 즐거움을 나누는 것을 넘어 새로운 산업이 되어 가고 있습니다.

답

1문단: **팬덤** 2문단: **긍정적인**

3문단: **문제점**

7

맵고 자극적인 음식,
매일 먹어도 괜찮을까?

한국인들은 매운 음식을 특별히 사랑한다. 김치, 라면, 떡볶이, 마라탕 같은 자극적이고 다양한 매운 요리가 우리 주변에서 인기를 끌고 있다. 그런데 매운맛은 우리가 일반적으로 아는 맛과는 조금 다른 '자극'이라는 사실을 알고 있는가?

매운맛은 캡사이신이라는 물질 때문에 느껴진다. 캡사이신은 고추에 많이 들어 있다. 이 물질이 우리 혀와 입술에 있는 TRPV1이라는 수용체를 자극할 때 뇌는 아프다고 느끼게 된다.

매운 음식에는 여러 가지 장점이 있다. 첫째로 매운 음식을 먹으면 땀을 흘리게 되는데, 이는 몸의 신진대사가 활발해졌다는 신호이다. 땀이 나면서 몸이 활발해지고 체중 관리에 도움이 된다. 둘째로 적당히 매운 음식을 먹으면 매운맛의 고통을 덜어주기 위해 뇌가 엔도르핀을 분비하기 때문이 기분이 좋아진다.

하지만 매운 음식을 너무 많이 먹으면 속 쓰림, 설사, 식도염 같은 건강 문제를 유발할 수 있다. 실제로 2023년, 한 미국 소년이 매운 과자 챌린지를 하다가 숨진 일도 있었다. 또한 매운 음식에는 소금이나 설탕 같은 조미료가 많이 들어 있을 수 있어 몸에 해로울 수 있다. 매운 음식은 적당히 먹으면 좋지만 과하게 먹으면 해롭다. 채소와 함께 먹거나 적당한 양을 즐기는 습관이 필요하다.

차근차근 이해하기

☞ **알쓸어록**(알아 두면 쓸모 있는 어휘 기록)

수용체: 우리 몸에서 다양한 자극을 감지하고 정보를 뇌에 전달하는 역할을 하는 부분
신진대사: 영양분을 섭취하고 필요 없는 물질은 걸러서 배출해 내는 일
축적: 모아서 쌓음
유발: 어떤 것이 다른 일을 일어나게 함

똑똑하게 분석하기

☞ 문단별로 요약한 내용을 확인하고, (　)안에 들어갈 단어를 써 보세요.

1문단: 한국인들의 (　　　　　) 음식 사랑
2문단: 매운맛의 원인, (　　　　　)
3문단: 매운 음식의 (　　　　　)
4문단: 매운 음식의 (　　　　　)

자유롭게 생각해 봅시다

☞ 연약한 입맛의 소유자지만 매운맛을 즐기고 싶은 우리. 매운맛을 놓칠 수 없다면 매운맛을 해소시켜 줄 수 있는 음식으로는 뭐가 있을까요?

확장해서 읽어 봅시다

한국 사람들은 매운 음식을 좋아합니다. 하지만 매운맛 말고도 여러 가지 맛이 우리 식탁을 더 맛있게 만들어 줍니다. 음식을 먹을 때는 한 가지 맛만 생각하지 말고, 여러 맛의 조화를 생각하는 것이 좋습니다.

단맛은 매운맛과 잘 어울립니다. 매운 소스에 설탕이나 꿀을 넣으면 더 부드럽고 맛있게 느껴집니다. 짠맛도 매운맛과 좋은 친구입니다. 김치찌개처럼 짠맛과 매운맛이 어우러지면 더 깊은 맛이 납니다. 신맛도 도움이 됩니다. 매운 음식을 먹을 때 레몬이나 라임을 넣으면 느끼한 맛이 사라지고 깔끔한 맛이 납니다. 그래서 매운 음식을 먹을 때는 여러 맛을 고려하면 더 맛있게 즐길 수 있습니다.

세계에는 다양한 매운 요리가 있습니다. 아시아의 볶음면, 멕시코의 할라페뇨 소스, 인도의 매운 커리처럼 여러 나라 음식을 맛보는 것도 즐거운 경험이 될 수 있으니, 다양한 매운 요리에 도전하며 건강하게 매운맛을 즐겨 보시기 바랍니다.

답

1문단: **매운**

2문단: **캡사이신**

3문단: **장점**

4문단: **위험성**

8

숏폼 열풍으로 노래도 숏폼처럼 바뀌고 있다고?

최근 음악 산업에서는 '숏폼 음원'이라는 새로운 트렌드가 인기를 끌고 있다. 숏폼 음원이란 15초에서 1분 정도로 짧은 음악을 말한다.

이렇게 짧은 음악이 인기를 끄는 이유는 틱톡, 인스타그램 릴스, 유튜브 쇼츠 같은 숏폼 콘텐츠 플랫폼이 유행하고 있기 때문이다. 사람들은 짧고 강렬한 음악을 선호하게 되었고, 이로 인해 전통적인 앨범 중심의 음악 소비 방식에서 벗어나게 되었다. 특히 사람들이 춤을 추거나 립싱크를 할 수 있는 짧은 노래는 큰 인기를 얻고 있다. 게다가 신인 아티스트들이 쉽게 음악 시장에 진입할 수 있는 기회도 생겼다. 짧은 시간에 낮은 비용으로 곡을 발표할 수 있어, 아티스트는 길이에 얽매이지 않고 자신만의 강렬한 메시지를 전달할 수 있게 되었다.

하지만 전문가들은 짧은 음악의 경우에는 예술성과 깊이가 사라질 수 있다고 지적한다. 또한 가수들이 유행만 따라가다 보면 원래 꿈꾸던 음악적 역량을 발전시키기 어렵다는 걱정도 있다. 숏폼 음원 열풍은 한국 음악 산업에 새로운 성장 동력이 되고 있지만, 음악의 예술적 가치를 지키면서 이 트렌드를 어떻게 수용해 나갈 것인지에 대한 깊은 고민이 필요하다.

차근차근 이해하기

☞ **알쓸어록**(알아 두면 쓸모 있는 어휘 기록)

얽매이다: 마음대로 행동할 수 없도록 몹시 구속되다

똑똑하게 분석하기

☞ 문단별로 요약한 내용을 확인하고, (   )안에 들어갈 단어를 써 보세요.

1문단: (   ) 음원 열풍

2문단: 숏폼 음원 인기의 (   )과 음악 시장에 끼친 영향

3문단: 숏폼 음원의 유행에 대한 (   )와 수용에 대한 (   )

자유롭게 생각해 봅시다

☞ 숏폼 음원이 음악 산업에 긍정적인 영향을 준다고 생각하나요? 그 이유는 무엇인가요?

확장해서 읽어 봅시다

요즘 사람들은 짧고 재미있는 영상, 숏폼 콘텐츠를 많이 보고 있습니다. 그렇다면 어떻게 하면 인기 있는 숏폼을 만들 수 있을까요?

먼저 처음 3초가 아주 중요합니다. 숏폼은 길이가 짧기 때문에 처음부터 사람들의 관심을 끌어야 합니다. 이렇게 해야 끝까지 보고 싶은 마음이 생깁니다. 다음으로 중독성 있는 음악을 넣는 것이 좋습니다. 듣기 쉽고 따라 부르기 쉽거나 춤이나 립싱크를 하기 좋은 음악을 고르면 더욱 인기를 얻을 수 있습니다. 그리고 자막을 넣는 것이 좋습니다. 사람들이 소리를 못 들을 때도 자막을 보면 내용을 쉽게 알 수 있습니다. 자막은 내용을 더 잘 이해하는 데 도움이 됩니다. 마지막으로 세로로 찍는 것이 좋습니다. 사람들은 주로 휴대전화로 영상을 보기 때문에 세로로 찍는 것이 더 잘 어울립니다. 또 배경보다는 사람이나 물건을 크게 보여주는 것이 좋습니다.

친구들과 함께 재미있고 창의적인 숏폼 콘텐츠를 만들어보는 것은 좋은 경험이 될 수 있으니 도전해 보시길 바랍니다.

답

1문단: **숏폼** 2문단: **원인**

3문단: **우려, 고민**

5장

경제

1

팬심이 만든 경제 효과, 스위프트노믹스

스위프트노믹스(Swiftonomics)는 세계적인 팝스타 테일러 스위프트의 스위프트(Swift)와 경제(Economics)의 합성어로, 테일러 스위프트의 공연과 활동이 단순한 음악적 이벤트를 넘어 지역 경제에 미치는 영향을 의미한다.

2023년부터 이어진 에라스 투어(The Eras Tour)는 팬데믹 이후 침체된 미국의 지역 경제를 회복하는 데 중요한 역할을 했다. 이 투어는 8개월 동안 60회 이상의 공연을 통해 총 10억 달러, 즉 약 1조 3,000억 원의 수익을 기록했다. 팬 한 명은 단순히 티켓을 구매하는 것에 그치지 않으며, 숙박, 교통, 식사, 굿즈 구매 등에서도 엄청난 비용을 소비한다.

투어와 관련된 상품의 수입도 대단하며 약 2억 달러, 즉 2,700억 원의 추가 수익을 올렸다. 또한 투어 실황을 담은 영화 〈테일러 스위프트: 디 에라스 투어〉는 2억 6,000만 달러, 약 3,455억 원의 수익을 올리며 역대 최고 콘서트 영화로 기록되었다.

테일러 스위프트의 사례는 문화 콘텐츠가 지역 경제와 글로벌 산업에 미치는 경제적 파급력을 잘 보여준다. 그녀의 성공은 단순히 음악뿐만 아니라, 자신만의 스토리를 전달하고 팬들과의 연결을 강화한 전략 덕분이다.

차근차근 이해하기

☞ **알쓸어록**(알아 두면 쓸모 있는 어휘 기록)

침체: 어떤 현상이나 사물이 진전하지 못하고 제자리에 머무름
수익: 이익을 얻음
파급력: 어떤 일의 여파나 영향이 차차 다른 데로 미치는 힘

똑똑하게 분석하기

☞ 문단별로 요약한 내용을 확인하고, (   )안에 들어갈 단어를 써 보세요.

1문단: 스위프트노믹스의 (   )
2문단: (   ) 투어의 경제 효과
3문단: 스위프트노믹스의 (   ) 효과
4문단 문화 콘텐츠의 (   ) 파급력

자유롭게 생각해 봅시다

☞ 아티스트의 공연이 팬들에게 좋은 영향을 줄 수 있지만, 큰 이벤트가 열릴 때 지역 주민들에게 불편함이나 나쁜 영향이 있을 수 있어요. 어떤 점에서 그런 일이 발생할 수 있을까요? 예를 들어 이야기해 보세요.

확장해서 읽어 봅시다

케이팝은 한국의 대중 음악 장르로 전 세계에서 큰 인기를 끌고 있습니다. 케이팝 아티스트들은 음악, 패션, 댄스 등 다양한 요소로 팬들을 사로잡고 있으며, 이들의 인기는 경제에도 많은 영향을 미치고 있습니다.

특히 방탄소년단(BTS)은 한국 경제에 많은 기여를 하고 있습니다. BTS는 3일간의 공연으로 9,000억 원이 넘는 경제 효과를 냈습니다. 2022년 부산에서 열린 공연에는 50만 명이 넘는 팬들이 모였습니다. 이 중 많은 외국인이 호텔, 음식점, 교통을 이용해 지역 경제에 도움을 주었습니다.

블랙핑크의 하노이 콘서트도 경제 효과가 큽니다. 해당 콘서트는 약 6,300억 동(2,560만 달러)의 경제 효과를 기록했습니다. 하노이에서는 콘서트 기간 동안 호텔 검색량이 10배 이상 증가했고, 실제 숙박률이 20% 늘어났습니다. 하노이에서는 앞으로도 세계적인 가수의 공연을 더 많이 열 계획을 갖고 있습니다.

이처럼 케이팝 스타들의 콘서트는 지역 경제에 긍정적인 영향을 미칩니다. 따라서 케이팝 아티스트들의 공연을 유치하고, 팬들이 즐길 수 있는 환경을 조성하는 것이 중요합니다.

답

1문단: 정의 2문단: 에라스
3문단: 간접 4문단: 경제적

2

알리에서 테무까지, 중국 쇼핑 플랫폼의 급성장

테무(Temu)는 2024년 7월에 출시된 후 빠르게 성장하고 있는 중국의 온라인 쇼핑 플랫폼이다. 테무라는 이름은 '여럿이 함께, 가격은 낮게(Team up, Price Down)'라는 뜻을 가지고 있다. 테무는 출시된 지 얼마 되지 않아 국내 앱 다운로드 1위를 기록했으며, 짧은 시간 안에 전 세계에서 1억 명이 넘는 이용자를 확보하며 큰 인기를 끌고 있다.

테무가 성공한 이유는 여러 가지가 있다. 첫째, 사용자 친화적인 화면으로 누구나 쉽게 쇼핑할 수 있다. 둘째, 저렴한 가격에 상품을 판매하며 대부분 무료 배송을 해 준다. 셋째, 독특하고 매력적인 상품을 한곳에 모아 소비자의 관심을 끈다. 특히 가성비 좋은 생활용품, 패션, 전자 액세서리 등이 인기를 끌고 있다. 마지막으로 90일 안에 무료로 반품과 환불이 가능하다는 점이다.

한국에서는 아직 알리익스프레스를 많이 이용하고 있지만, 테무는 다른 전략을 쓰고 있다. 알리익스프레스는 판매자가 직접 배송하기 때문에 보통 2~4주 정도 시간이 걸린다. 하지만 테무는 자체 물류망을 통해 배송 기간을 줄이고, 수도권에서는 당일 배송도 준비하고 있다. 테무의 등장은 오픈 마켓의 서비스를 더 발전시키고, 소비자에게 더 좋은 선택과 혜택을 줄 것으로 기대된다.

차근차근 이해하기

☞ 알쓸어록(알아 두면 쓸모 있는 어휘 기록)

확보: 확실히 보증하거나 가지고 있음
친화적: 사이좋게 잘 어울리거나 가까움
자체: 외부적 영향 없이 내부적이거나 독립적임

똑똑하게 분석하기

☞ 문단별로 요약한 내용을 확인하고, (　)안에 들어갈 단어를 써 보세요.

1문단: (　　　　　)의 등장과 인기
2문단: 테무 (　　　　　) 비결
3문단: 테무와 다른 쇼핑 앱의 차이와 끼치는 (　　　　　)

자유롭게 생각해 봅시다

☞ 테무에서 쇼핑해 본 경험이 있나요? 혹은 '테무깡' 영상을 본 적이 있나요? 어떤 점이 좋았는지 혹은 어떤 제품의 영상에 호기심이 느껴졌는지 자유롭게 생각해 보세요.

확장해서 읽어 봅시다

요즘 알리나 테무 같은 해외 쇼핑 사이트가 인기를 끌고 있습니다. 이곳에서는 물건을 싸게 살 수 있고, 종류도 다양해서 많은 사람이 이용하고 있습니다. 특히 한국 쇼핑몰보다 가격이 훨씬 싸서 더 많은 사람이 찾고 있습니다. 하지만 가격이 싸다고 해서 무조건 좋은 것은 아닙니다. 싼 물건 뒤에는 숨겨진 위험이 있을 수도 있기 때문입니다.

서울시는 2025년 새 학기를 맞아, 테무와 알리에서 파는 학용품 16개를 검사했습니다. 그런데 그 중 7개 제품에서 몸에 해로운 물질이 나왔습니다. 특히 수첩 세트 제품에서는 납이 231배, 카드뮴이 5.6배, 그리고 환경 호르몬인 프탈레이트가 92배나 기준보다 많이 나왔습니다. 이런 물질들은 몸에 나쁘고, 암이나 다른 병을 일으킬 수 있습니다.

이처럼 값이 싸다고 해서 무조건 구입할 것이 아니라, 건강에 해로운 성분이 들어 있지는 않은지 꼭 확인해 봐야 합니다. 특히 오래 쓰거나 피부에 닿는 물건은 더 조심해야 합니다. 믿을 수 있는 브랜드인지, 다른 사람들이 좋다고 하는지 꼼꼼하게 살펴보고 구매하는 습관이 필요합니다.

싼 물건이 모두 나쁜 것은 아니지만, 안전하게 살펴보고 건강하고 똑똑하게 쇼핑하는 올바른 소비 습관을 가지는 것은 무엇보다 중요합니다.

답

1문단: **테무**

2문단: **성공**

3문단: **영향**

3

구독자 100만 명을 보유한 유튜버는 한 달에 얼마를 벌까?

최근 초등학생들 사이에서 가장 인기 있는 장래 희망 직업은 바로 유튜버이다. 재미있는 콘텐츠를 만들고 많은 사람과 소통할 수 있고 높은 수입을 올릴 수 있다고 생각하기 때문이다.

유튜버의 수입은 구독자 수와 조회 수, 광고 수익 등에 따라 달라진다. 유튜버들은 조회 수로 수익을 올릴 수 있는데, 평균적으로 1회 조회당 약 1원을 벌 수 있다. 그래서 조회 수 100만 회를 기록하면 약 100만 원의 수익을 올릴 수 있으며, 한 달에 10편의 영상을 올리면 매출액이 1,000만 원 정도가 된다. 하지만 이런 조회 수를 올리는 것은 쉽지 않다. 게다가 또 다른 수입원인 광고 수익을 얻기 위해서는 구독자가 500명 이상, 최근 90일 동안 3편 이상의 영상을 올려야 하고 시청 시간이 3,000시간 이상이어야 하는 등 조건이 까다롭기 때문에 대부분의 유튜버는 최저 생활비를 넘기기 힘든 형편이다. 실제로 낮은 수익성으로 활동을 중단하는 유튜버도 많다.

게다가 누구나 쉽게 시작할 수 있지만 경쟁이 치열하다. 여러 명이 함께 일하면 수익을 나눠야 하고, 악성 댓글이나 정신적인 스트레스를 겪는 일도 있다. 그렇기 때문에 유튜버가 되기를 꿈꾼다면 장단점을 정확히 알고, 자신이 무엇을 목표로 하고 있는지를 확실히 정한 후 시작하는 것이 중요하다.

차근차근 이해하기

알쓸어록(알아 두면 쓸모 있는 어휘 기록)

수익: 이익을 얻음
매출액: 제품이나 상품 등을 판매하고 얻은 대가
치열: 기세나 세력이 불길같이 맹렬함

똑똑하게 분석하기

문단별로 요약한 내용을 확인하고, ( )안에 들어갈 단어를 써 보세요.

1문단: (   ) 인기 이유
2문단: 유튜버의 (   ) 조건과 현실
3문단: 유튜버의 (   )

자유롭게 생각해 봅시다

요즘 많은 초등학생이 유튜버가 되는 것이 꿈이라고 말해요. 왜 인기 있는 직업이 되었을까요? 여러분은 유튜버의 꿈을 가져 본 적이 있나요? 어떤 점이 가장 매력적이라고 생각하나요?

확장해서 읽어 봅시다

요즘 초등학생들이 가장 되고 싶은 직업은 유튜버입니다. 하지만 성공하는 유튜버가 되려면 여러 가지 준비가 필요합니다.

먼저 창의력이 필요합니다. 유튜브에는 이미 많은 영상이 있기 때문에 다른 사람과 다른 아이디어를 생각하고 재미있게 표현하는 능력이 중요합니다. 다음으로 인내심이 필요합니다. 처음부터 많은 사람이 보는 것은 아니기 때문에 포기하지 않고 꾸준히 도전하는 마음이 필요합니다. 또한 소통하는 힘이 필요합니다. 유튜버는 시청자와 댓글로 이야기하고 팬들의 의견을 잘 듣는 태도가 필요합니다. 편집 실력도 중요합니다. 핸드폰으로 쉽게 찍을 수 있지만, 편집 프로그램을 배워야 더 좋은 영상을 만들 수 있습니다. 요즘 유행을 잘 살피는 감각도 필요합니다. 새로운 트렌드를 빠르게 알아보고 영상에 담는 능력이 중요합니다. 마지막으로 긍정적인 마음이 필요합니다. 가끔 힘든 일이나 나쁜 댓글을 볼 수도 있지만, 더 좋은 영상을 만들겠다는 마음이 중요합니다.

이처럼 유튜버가 되려면 재미뿐 아니라 많은 노력과 준비가 필요합니다. 유튜버를 꿈꾼다면 이런 점들을 잘 생각해 보고 목표를 세우는 것이 좋습니다.

답

1문단: **유튜버**

2문단: **수익**

3문단: **장단점**

4 환율이 오르면 무슨 일이 일어날까?

요즘 뉴스에서 환율이 오른다는 말을 자주 듣는다. 환율이란 외국 돈과 우리 돈의 바꾸는 비율을 말한다. 예를 들어 1달러가 1,200원이었는데 1,300원이 되면 같은 1달러를 사기 위해 더 많은 원화를 내야 한다. 그럼 환율이 오르면 어떤 일이 일어날까?

첫째, 수입 물건의 가격이 비싸진다. 특히 기름값이 오르면 이로 인해 배달 음식이나 택배비도 오를 가능성이 높다. 둘째, 수출에 긍정적인 영향을 줄 수 있다. 환율이 올라가면 외국에서는 한국의 물건을 더 저렴하게 느끼고 더 많이 살 수 있다. 이렇게 되면 수출 기업들은 더 많은 원화를 벌 수 있지만 원자재를 해외에서 수입해야 하는 경우는 전체적인 생산 비용이 증가해서 이익이 되지 않을 수도 있다. 셋째, 해외 여행이나 유학 비용에도 영향을 준다. 1달러당 1,000원이던 시기에 1,000달러를 위해 100만원이 필요했다면 환율이 1,200원이 되면 같은 1,000달러를 위해 120만 원이 필요하게 된다. 마지막으로 환율은 투자에도 큰 영향을 미친다. 환율이 오르면 외국인 투자자들이 떠날 수 있어 주식 시장이 불안정해질 수 있다.

환율이 오르면 수입 물가가 오르고 수출이 늘어날 수 있으며, 여행 비용도 증가하게 된다. 이러한 변화들은 우리 생활에 많은 영향을 미치므로 환율 변동을 잘 살펴보는 것이 중요하다.

차근차근 이해하기

알쓸어록(알아 두면 쓸모 있는 어휘 기록)

원화: 원을 화폐 하는 한국의 화폐
원자재: 공업 생산의 원료가 되는 재료
변동: 바뀌어 달라짐

똑똑하게 분석하기

문단별로 요약한 내용을 확인하고, ( )안에 들어갈 단어를 써 보세요.

1문단: ( )의 의미
2문단: 환율 상승이 끼치는 ( )
3문단: 환율 ( )을 살펴봐야 하는 이유

자유롭게 생각해 봅시다

여러분이 해외 여행을 간다고 가정했을 때 환율이 높아야 좋을까요, 낮아야 좋을까요? 위의 내용을 바탕으로 여행을 위해 환율이 왜 중요한지 생각해 보세요.

확장해서 읽어 봅시다

세상에는 나라별 돈의 가치를 비교하는 재미있는 방법이 있습니다. 그것은 바로 빅맥 지수입니다. 빅맥 지수는 전 세계 맥도날드에서 파는 빅맥 햄버거 가격을 비교해 나라별 물가와 돈의 가치를 쉽게 알 수 있게 도와주는 지수입니다.

예를 들어 2024년 미국 빅맥 가격은 5.69달러였습니다. 그때 한국의 빅맥은 5,500원이었는데, 달러로 바꾸면 약 4.11달러였습니다. 이 말은 한국의 빅맥이 미국보다 더 싸다는 뜻으로, 우리 돈의 가치가 떨어졌다는 것을 말합니다.

원화의 가치가 떨어지면 한국에서 만든 물건을 외국에 더 싸게 팔 수 있어 수출에 유리합니다. 하지만 우리나라에서 싸게 살 수 있는 빅맥을 미국에서는 더 비싼 가격에 사야하기 때문에 같은 물건을 사려면 더 많은 돈이 필요합니다.

빅맥 지수는 햄버거 가격만 보는 것이라서 모든 경제 상황을 정확히 알 수 있는 것은 아닙니다. 각 나라마다 임금이나 재료, 지역적 특성이 다르기 때문입니다. 그럼에도 빅맥 지수는 환율과 경제 상황을 쉽게 살펴볼 수 있는 유용한 방법 중 하나입니다.

답

1문단: **환율** 2문단: **영향**

3문단: **변동**

밀가루의 도시 대전과 성심당의 경제학

대전은 '밀가루의 도시'라고 불린다. 대전에 밀가루로 만든 맛있는 음식이 많기 때문이다. 대전의 밀가루 문화는 해방 이후와 한국 전쟁 시기에 시작되었다. 그 당시 미군이 굶주리는 한국 사람들에게 밀가루를 나누어 주었고, 이를 위해 대전역에 큰 밀가루 창고를 만들었다. 대전은 기차가 많이 지나는 물류의 중심지여서 밀가루를 쉽게 배급할 수 있었고, 이 덕분에 대전 시민들은 밀가루를 자주 사용하게 되었다. 그래서 가락국수, 칼국수, 성심당의 빵처럼 여러 가지 밀가루 음식이 발전하게 되었다.

성심당은 1956년에 문을 연 유명한 빵집이다. 대전에서만 맛볼 수 있다는 특별함 때문에 '빵지순례 성지'로 불리며 많은 사람의 사랑을 받고 있다. 성심당은 다양하고 특별한 빵을 만들어 매일 신선하게 만들어 파는 것도 특색 있지만, 가격까지 저렴하다. 1,700원짜리 튀김소보루는 맛과 가격을 모두 만족시킨다.

성심당은 대전 경제에도 좋은 영향을 주는 가게로 일자리를 만들고 관광객을 모으고 대전의 가치를 높이는 일을 하고 있다. 성심당의 성공은 단순히 빵을 파는 것이 아니라, 대전 지역과 함께 성장하고 있다는 것을 보여준다. 앞으로도 대전의 밀가루 문화를 이어가며 더 많은 사람에게 사랑받는 빵집이 될 것이다.

차근차근 이해하기

☞ **알쓸어록**(알아 두면 쓸모 있는 어휘 기록)

물류: 물건의 유통
배급: 나누어 줌

똑똑하게 분석하기

☞ 문단별로 요약한 내용을 확인하고, (　)안에 들어갈 단어를 써 보세요.

1문단: 대전이 (　　　　　)의 도시가 된 이유
2문단: 성심당의 (　　　　　)와 사랑받는 이유
3문단: 성심당이 대전 (　　　　　)에 미치는 영향

자유롭게 생각해 봅시다

☞ 성심당은 대전 본점의 독특한 매력을 유지하기 위해 프랜차이즈 확장을 지양하고 있어요. 그러나 더 많은 사람이 대전 외부에서도 성심당의 빵을 즐길 수 있도록 프랜차이즈 확장을 고려해야 한다는 의견도 존재해요. 이에 대해 여러분은 어떻게 생각하나요? 자신의 의견을 표현해 보세요.

확장해서 읽어 봅시다

성심당은 대전 은행동에 있는 유명한 빵집입니다. 많은 사람이 '빵지순례 성지'라고 부를 만큼 인기가 많습니다. 성심당은 1956년 대전역 앞에서 찐빵을 팔던 작은 가게에서 시작되었습니다.

창립자 임길순 씨는 전쟁을 피해 내려오다 미군이 준 밀가루로 찐빵을 만들어 팔기 시작했습니다. 이 찐빵은 달콤한 단팥이 가득해 많은 사람이 좋아했습니다. 임 씨는 고아나 어려운 사람들에게 빵을 나눠 주기도 했습니다. 성심당은 점점 큰 빵집으로 성장했고, 지금은 전국에서 가장 유명한 빵집 중 하나가 되었습니다.

물론 과거 성심당은 큰 어려움도 겪었습니다. 2005년에 불이 나 가게가 모두 타버렸지만, 직원들과 대전 시민들의 도움으로 다시 일어섰습니다. 이 일을 계기로 더 많은 사람이 성심당을 알게 되었습니다.

성심당은 매일 신선한 빵만 팔고 남은 빵은 어려운 이웃에게 기부합니다. 또한 학생들에게 장학금을 주고 직원들에게는 수익을 나누어 주는 착한 가게입니다. 성심당은 지역과 함께 성장하며 나눔을 실천하는 대전의 자랑입니다.

답

1문단: **밀가루** 2문단: **역사**

3문단: **경제**

6

하늘을 나는 택시가 있다고? UAM 상용화가 코앞!

최근 하늘을 나는 택시, 즉 도심 항공 모빌리티(UAM)가 미래의 교통 혁신으로 주목받고 있다. UAM은 전기로 움직이는 비행기(eVTOL)로, 사람들이 교통 체증을 피해 빠르고 편리하게 이동할 수 있도록 도와준다. 헬리콥터처럼 수직으로 올라갔다 내려올 수 있고, 여러 사람이 동시에 탈 수 있으며, 작은 모터 여러 개를 사용해 소음이 적고 탄소 배출이 없어 환경에 안전하게 운항할 수 있다.

한국에서는 UAM을 'K-UAM'이라고 부른다. 김포에서 여의도까지는 5분, 김포 공항에서 잠실까지는 15분이 걸리며, 속도는 시속 300km로 KTX보다 빠르다. 일반 택시보다 3배 이상 비싼 가격이지만, 빠른 이동 시간 덕분에 이용할 가치가 충분하다.

하지만 해결해야 할 문제도 있다. eVTOL 기체는 엄청난 비용이 들고 지속적인 기체 교체가 필요하다. 둘째, 악천후나 야간 비행에서도 안전하게 운영될 수 있는 기술 개발이 필요하다. 셋째, 도심 내 이착륙장인 '버티포트'를 구축하는 것도 큰 과제이다.

그럼에도 미국, 유럽, 한국 등 여러 나라가 하늘을 나는 택시를 만들기 위해 노력하고 있다. 이 택시가 생기면 출근 시간에도 교통 체증이 없고, 응급 환자도 병원에 더 빨리 갈 수 있어 도움이 될 것이다. 머지않아 우리가 하늘을 나는 택시를 탈 날이 올 것이다.

차근차근 이해하기

알쓸어록(알아 두면 쓸모 있는 어휘 기록)

체증: 교통의 흐름이 순조롭지 아니하여 길이 막히는 상태
배출: 안에서 밖으로 밀어 내보냄
악천후: 몹시 나쁜 날씨

똑똑하게 분석하기

문단별로 요약한 내용을 확인하고, (   )안에 들어갈 단어를 써 보세요.

1문단: 미래 교통 (   ) 정의 및 기능
2문단: (   ) UAM의 장점
3문단: UAM 상용화를 위해 해결해야 할 (   )
4문단: (   )을 편리하게 만들 UAM

자유롭게 생각해 봅시다

하늘을 나는 택시가 생기면 어떤 점이 가장 기대되나요? UAM의 도입으로 우리의 삶에는 어떤 변화가 생길까요? UAM이 실제로 상용화되면 어떤 사람들에게 가장 도움이 될까요?

확장해서 읽어 봅시다

가까운 미래에 우리는 하늘을 나는 택시 UAM을 타고 김포 공항과 여의도 같은 곳을 빠르게 이동할 수 있게 됩니다. 정부는 서울, 경기, 인천에 총 4개의 노선을 정했습니다. 서울에서는 김포 공항에서 여의도와 잠실에서 수서역까지 갈 수 있고, 경기도에서는 고양 킨텍스에서 김포 공항까지, 인천에서는 드론 센터에서 계양 신도시까지 갈 수 있습니다.

UAM은 요금이 비싼 편입니다. 1km당 3,000원 정도이고, 2030년에는 2,000원, 2035년에는 1,300원으로 점점 가격이 낮아질 예정이지만, 그래도 택시보다 1.5배에서 3배 정도 비쌉니다.

예를 들어 잠실에서 김포 공항까지 택시를 타면 약 3만 원이 들고 1시간이 걸립니다. 반면 UAM을 타면 약 78,000원이 들지만 12분 만에 도착합니다. 비싸지만 빠르기 때문에 이용하려는 사람이 많을 것으로 보입니다. 또한 판교에서 광화문까지 15분, 서울에서 인천 공항까지 25분 만에 갈 수 있습니다.

앞으로 하늘을 나는 택시 UAM이 더 발전하면 우리의 이동이 더 빠르고 편리해질 것입니다.

답

1문단: UAM 2문단: 한국

3문단: 문제 4문단: 생활

7 공유 경제, 소유보다 공유가 더 중요해지는 세상

오늘날 우리는 '소유'하는 것보다 '공유'하는 것이 더 중요해지고 있는 시대에 살고 있다. 이를 우리는 '공유 경제'라고 부른다. 공유 경제는 물건이나 서비스를 여러 사람이 함께 나누어 사용하는 시스템이다. 필요할 때 필요한 만큼 빌려 쓰는 방식으로, 자원을 효율적으로 활용하여 낭비를 줄일 수 있고 환경 보호에도 도움이 된다.

공유 경제에는 여러 가지 종류가 있다. 첫 번째는 '셰어링'이다. 사용자들이 필요할 때 제품이나 서비스를 임대하여 사용하는 방식이다. 예를 들어 여행자에게 집이나 방을 빌려주는 에어비앤비, 개인이 손님을 차에 태워 주는 우버 서비스가 있다. 두 번째는 '물물교환'이다. 필요 없는 물건을 필요한 사람에게 판매하는 방식으로, 당근마켓이나 중고나라가 대표적인 예시이다. 마지막으로 '협력적 커뮤니티'는 특정 그룹 내에서 자원을 공유하는 것으로, 동네 사람들이 함께 정원을 가꾸거나 예술 활동을 하는 것을 포함한다.

공유 경제는 서로에게 도움이 되는 윈-윈 경제이다. 하지만 사기나 안전 문제, 세금이나 법적인 문제도 생길 수 있으며, 모두가 이용할 수 없어서 경제적 불평등을 심화시킬 수 있다. 자원을 효율적으로 활용할 수 있는 중요한 경제 모델인 공유 경제가 발전하기 위해서는 안정적이고 지속 가능한 시스템을 만드는 것이 중요하다.

차근차근 이해하기

☞ **알쓸어록**(알아 두면 쓸모 있는 어휘 기록)

임대: 돈을 받고 자기의 물건을 남에게 빌려줌
공유: 두 사람 이상이 한 물건을 공동으로 소유하거나 이용함
심화: 정도나 경지가 점점 깊어짐

똑똑하게 분석하기

☞ 문단별로 요약한 내용을 확인하고, (　　)안에 들어갈 단어를 써 보세요.

1문단: (　　　　　) 경제의 개념과 특징
2문단: 공유 경제의 여러 (　　　　　)
3문단: 공유 경제의 (　　　　　)

자유롭게 생각해 봅시다

☞ 사람들은 에어비앤비나 우버, 당근마켓과 같은 서비스를 통해 공유 경제를 경험하고 있어요. 여러분은 어떤 물건이나 서비스를 공유하는 공유 경제를 경험해 본 적이 있나요? 가장 좋아하는 공유 서비스는 무엇인지 이야기해 보세요.

확장해서 읽어 봅시다

요즘은 '구독 경제'가 새로운 소비 방법으로 인기를 끌고 있습니다. 구독 경제는 한 번만 사는 것이 아니라, 매달 돈을 내고 계속 이용하는 서비스입니다. 예를 들어 스포티파이는 노래를 듣는 서비스, 넷플릭스는 영화를 보는 서비스입니다. 이런 서비스는 매달 돈을 내면 노래나 영화를 마음껏 즐길 수 있도록 해 줍니다. 최근에는 간편식이나 화장품을 정기적으로 받아볼 수 있는 구독 박스 서비스도 인기를 끌고 있습니다. 이러한 서비스들은 소비자에게 필요한 물건이나 콘텐츠를 정기적으로 제공하여 사용 편의성을 높입니다.

구독 경제의 가장 큰 장점은 편리함입니다. 매번 사러 가지 않아도 되고, 시간도 절약할 수 있기 때문입니다. 또한 한 번씩 사는 것보다 저렴할 수도 있습니다. 하지만 단점도 있습니다. 잘 쓰지 않아도 매달 정해진 돈을 내야 하고, 모든 서비스가 기대만큼 좋지 않아 소비자가 원하는 만큼의 가치를 받지 못할 수 있습니다.

구독 경제는 앞으로도 계속 성장할 것으로 예상됩니다. 이러한 변화는 소비자들에게 더 많은 선택권과 편리함을 제공할 것입니다.

답

1문단: 공유　　2문단: 형태

3문단: 장단점

8

가격이 높을수록 수요가 증가한다고? 베블런 효과

일반적으로 가격이 오르면 수요가 감소하는 것이 경제학의 기본 원칙이다. 그러나 가격이 오를수록 **수요**가 증가하는 현상이 있다. 바로 미국 사회학자 소스타인 베블런이 《유한계급론》에서 "상층계급은 자신의 재력과 지위를 과시하기 위해 과시적 소비를 한다."라고 말한 데서 유래된 베블런 효과이다. 비싼 물건을 삼으로써 명예와 존경을 얻으려는 모습을 비판한 것이다.

베블런 효과는 고가의 제품을 판매하여 기업이 더 많은 수익을 올릴 수 있다는 장점이 있다. 비싼 제품일수록 소비자들은 더 높은 가치를 느끼기 때문에 이 효과를 이용해 많은 고객을 끌어들일 수 있다. 하지만 지나치게 비싼 물건을 구매하는 것은 개인에게 경제적 부담을 줄 수 있다. 게다가 실용성보다 상징성 때문에 구매되는 경우가 많으며 남들과 비교하며 상대적 **박탈감**을 느낄 수 있다.

현대 사회에서는 소셜 미디어 덕분에 자신의 생활을 자랑하려는 경향이 더욱 두드러지고 있다. 우리는 과시하려는 소비보다 지속 가능한 소비와 현명한 소비를 실천하는 것이 필요하다.

차근차근 이해하기

☞ **알쓸어록**(알아 두면 쓸모 있는 어휘 기록)

수요: 어떤 재화나 용역을 일정한 가격으로 사려고 하는 욕구
박탈감: 재물이나 자격을 빼앗겼다고 여기는 느낌이나 기분

똑똑하게 분석하기

☞ 문단별로 요약한 내용을 확인하고, (　)안에 들어갈 단어를 써 보세요.

1문단: (　　　　) 뜻과 유래
2문단: 베블런 효과의 (　　　　), 부정적 측면
3문단: 현명한 (　　　　) 실천의 필요성

자유롭게 생각해 봅시다

☞ 비싼 명품이나 고급 제품을 소유하는 것이 그 사람의 가치나 지위를 높인다고 생각하나요? 그렇다면 그 이유는 무엇인가요?

확장해서 읽어 봅시다

체리슈머(Cherrysumer)는 '체리피커(cherry picker)'와 '소비자(consumer)'의 합성어로 자신의 가치관과 신념에 맞는 제품만 쏙쏙 골라 소비하는 사람들을 뜻합니다. 체리슈머는 단순히 비싼 물건을 사는 것이 아니라 자신이 믿는 가치를 지키기 위해 신중하게 소비하는 소비자입니다.

체리슈머는 몇 가지 특징을 보입니다. 첫째, 체리슈머는 자신이 사용하는 제품이 어떤 가치를 제공하는지 고민합니다. 단순히 비싼 제품이나 유명한 브랜드가 아니라, 필요하고 만족스러운 경험을 중요하게 생각합니다. 둘째, 많은 체리슈머는 지속 가능한 방식으로 생산된 제품이나 환경에 미치는 영향을 낮춘 제품을 선호합니다. 셋째, 소셜 미디어를 통해 정보를 얻고 친구들이 추천하는 제품이나 자신의 가치관에 맞는 브랜드에 끌리는 경향이 있습니다.

베블런 효과가 외적 요인(사회적 지위 등)의 영향을 받는다면, 체리슈머는 내적 요인(자신의 가치와 필요)에 따라 소비 결정을 내린다고 할 수 있습니다. 따라서 소비를 할 때는 물질적인 소유보다 더 중요한 가치를 생각하며 소비하는 자세가 필요합니다.

답

1문단: 베블런 효과 2문단: 긍정적

3문단: 소비

중학교에 가기 전에 반드시 익혀야 할 비문학 독해에 관한 모든 것

어서 와, 초등 비문학은 처음이지? 하

초판 1쇄 발행 2025년 11월 20일

지은이 권희린
그린이 편히
펴낸이 민혜영
펴낸곳 데이스타
주소 서울특별시 마포구 월드컵로14길 56, 3~5층
전화 02-303-5580 | **팩스** 02-2179-8768
홈페이지 www.cassiopeiabook.com | **전자우편** editor@cassiopeiabook.com
출판등록 2012년 12월 27일 제2014-000277호

ISBN 979-11-6827-365-8 74370
979-11-6827-363-4 (세트)

• 데이스타는 (주)카시오페아 출판사의 어린이·청소년 브랜드입니다.
• 잘못된 책은 구입하신 곳에서 바꿔 드립니다.
• 책값은 뒤표지에 있습니다.